원서발췌

인간적인 것, 너무나 인간적인 것 :

자유정신을 위한 책

고전 명작을 읽는 가장 쉬운 길, '지식을만드는지식 원서발췌'

축약, 해설, 리라이팅이 아닙니다. 원전의 핵심 내용을 문장 그대로 가져옵니다. 작품의 오리지낼리티를 가감 없이 느낄 수 있습니다.
두껍고 읽기 어려워 책장을 덮어 버리곤 했던 고전을 발췌합니다. 해당 작품을 연구한 전문가가 작품의 정수를 가려 뽑아냅니다. 핵심만 읽기 때문에 더 빠르게 더 많은 고전을 읽을 수 있습니다. 제외된 부분은 중간중간 친절하게 요약 설명합니다. 풍부한 해설과 주석으로 전체 내용을 파악하는 데 무리가 없습니다. 정확한 번역, 적절한 윤문으로 10대에서 80대까지 누구나 쉽게 읽을 수 있습니다. 콤팩트한 사이즈와 분량이므로 간편하게 휴대할 수 있습니다. 수천 쪽의 고전을 발췌된 내용으로 읽고도 전체 의미를 파악할 수 있는 것이 지식을만드는지식 원서발췌의 매직입니다. 발췌율은 표지에 표시하고 발췌 방법은 일러두기에 상세히 밝힙니다.
고전 독자를 발췌 읽기에서 완역 읽기로, 더 나아가 원전 읽기로 안내합니다. 바쁜 현대인들에게 새로운 고전읽기 방법을 제시합니다.

원서발췌
인간적인 것, 너무나 인간적인 것 : 자유정신을 위한 책

Menschliches, Allzumenschliches:
Ein Buch für freie Geister

프리드리히 니체(Friedrich Nietzsche) 지음
강영계 옮김

대한민국, 서울, 지식을만드는지식, 2026

편집자 일러두기

- 이 책은 니체(Friedrich Nietzsche)의 《Menschliches, Allzumenschliches: Ein Buch für freie Geister I · II》(KSA 2, München, 1988)를 우리말로 옮긴 것입니다.
- 옮긴이는 니체의 원래 의도를 충실히 따르기 위해 이 책의 제목을 《인간적인 것, 너무나 인간적인 것 : 자유정신을 위한 책》으로 했습니다.
- 이 책은 원문의 약 5분의 1을 발췌해 번역한 것입니다.
- 각 단편의 일련번호에서 빠진 번호는 발췌를 위해 생략한 부분입니다.
- 꼭 필요한 개념이나 내용에 대해서는 옮긴이 주를 달았습니다. 주석은 모두 옮긴이가 작성한 것입니다.
- 괄호 안의 말과 바깥 말의 독음이 다를 때, 괄호가 중복될 때에는 [ ]를 사용했습니다.
- 제2권 제2장에 나오는 ∵는 '왜냐하면'의 뜻을 가지며 이 책 전체를 쓰게 된 근거를 결론적으로 밝히는 부분입니다.
- 외래어 표기는 현행 한글어문규정의 외래어표기법을 따랐습니다.
- 이 책은 2008년 11월 15일 한정판 '고전선집' 시리즈로 처음 출간했습니다. 2012년 1월 10일 표지를 바꿔 '천줄읽기' 시리즈로 다시 출간했다가 이번에 '원서발췌' 시리즈로 옮겨 출간합니다.

차례

제1권

머리말

1

나는, 《비극의 탄생》으로부터 최근에 출판된 《미래 철학의 서곡》에 이르기까지 내 모든 저술들에는 공통적이고 특별한 무언가가 있다고 사람들이 아주 자주, 그리고 늘 상당히 의아해하면서 말하는 것을 들어왔다. 사람들은 내게 다음처럼 말했다. 그 저술들은 모두가 부주의한 새를 잡기 위한 덫과 그물을 가지고 있었고, 익숙해진 가치 평가들과 존경받는 관습들을 전복시키기 위한, 거의 지속적이며 수복받지 못한 요구를 포함하고 있었다. 어떻다고? 모든 것은 오직 인간적인 너무나 인간적일 뿐이라고? 이렇게 한숨 쉬면서 사람들은 도덕에 대한 일종의 혐오와 불신감 자체를 가지고, 언젠가 가장 나쁜 것들에 대한 변호자가 되기 위하여 제대로 시도하며 용기를 가지고 아마도 내 저술들에서 손을 내려놓을 것이다. 마치 가장 나쁜 것들이 아마도 가장 심하게 중상당한 유일한 것들이기라도 한 것처럼? 사람들은 내 저술들을 의혹의 학교, 한층 더 나아가서 경멸의 학교, 또한 다행스럽게도 용기의 학교, 실로 대담함의 학교라고 불렀다. 실제로 나 자신도 다음의 사실을 믿지 않았다. 즉 일찍이 누군가가 악마의 적절한 변호자로서 뿐만 아니라 정말 신학적으로 말해서 신의 적이며 신을 소환하는 자로서 똑같이 깊은 의혹을 품고 세상을 바라본 것이다. 그리고 모든 깊은 의혹 속에 담겨 있는 결과의 어떤 것을 알아채는 자와 모든 무제한적인 다양한 통찰을 지닌 자에게 가해지는 형벌로서의 차갑고 불안한 고독의 어떤 것을 알아채는 자는, 내가 얼마나 자주 나를 떠나 휴식을 취하기 위하여, 말하자면 나를 잠시 잊기 위하여 어떤 숭배나 적개심 또는 학문성이나 경박함이나 아니면 어리석음 속 어딘가에 숨으려고 애썼는지를 또한 이해할 것이다. 또한 내가 필요로 하는 것을 발견하지 못한 곳에서 왜 내가 그것을 인위적으로 강탈하여 적당히 위조하고 적당히 만들지 않으면 안 되었는지를 이해할 것이다(그리고 시인들은 일찍이 그것과 다른 무엇을 행했던가? 그리고 세상의 모든 예술은 무엇 때문에 존재할 것인가?). 그러나 나의 치유와 자기 회복을 위하여 내가 끊임없이 가장 필요로 했던 것은 이처럼 홀로 있지 않고 홀로 보지 않으려는 믿음이었다. 곧 눈과 욕망에 있는 친근성과 동일성에 관한 매혹적인 의심, 우정의 신뢰 안에서의 휴식, 의혹과 의문부호가 없는 두 사람 사이의 맹목성, 전경과 표면과 가까운 것과 가장 가까운 것, 그리고 색깔과 피부와 외관을 가진 모든 것에 대한 향유였다. 아마도 사람들은 이와 같은 고찰에서 여러 가지 '기교', 곧 여러 가지 보다 더 정교한 화폐 위조를 내 탓이라고 비난할 수 있을 것이다. 예컨대 내가 도덕에 관해서 이미 충분히 꿰뚫어 보고 있던 시기에 나는 알면서도 고의적으로 쇼펜하우어의 도덕에 대한 맹목적 의지(blinder Wille zur Moral)를 묵인했던 것이다. 똑같이 리하르트 바그너(Richard Wagner)의 치료 불가능한 낭만주의에 관해서 나는 마치 그것이 시작이고 끝이 아닌 것처럼 자신을 기만했던 것이다. 그리스인들에 대해서도 마찬가지였고, 독일인들과 그들의 미래에 대해서도 마찬가지였으며, 그리고 아마도 그와 같은 마찬가지임(Insqleichen)에 대한 긴 전체 목록이 더 있는 것이 아닐까? 그러나 이 모든 것이 참답고 훌륭한 근거를 가지고 나를 비난한 것이라고 가정하더라도, 그와 같은 자기기만 안에 얼마나 많은 자기 보존의 술수, 얼마나 많은 이성과 보다 더 차원이 높은 비호가 포함되어 있는지, 그리고 나의 성실의 사치를 나에게 언제나 계속해서 허용하도록 하기 위하여 얼마나 많은 허위가 여전히 내게 필요한지 등에 관하여 너희들은 무엇을 알고 있는가, 그리고 너희들은 그것에 관하여 무엇을 알 수 있겠는가? 충분하다. 나는 여전히 살고 있다. 그런데 삶은 일찍이 도덕에 의하여 창안된 것이 아니다. 삶은 기만을 원하며 기만에 의해서 산다… 그러나 사실이 아닌가? 늙은 비도덕주의자이자 새 사냥꾼인 나는 항상 해왔던 일을 이미 다시 시작하며 행하고 "선과 악의 피안에서" 비도덕적으로, 그리고 탈도덕적으로 말하지 않는가?

2

그래서 나는 일찍이 내가 필요로 했던 '자유정신들'을 또한 생각해 냈는데 '인간적인 것, 너무나 인간적인 것(Menschliches, Allzumenschliches)'이라는 제목이 붙은 이 우울하고 용감한 책은 그 자유정신들에게 헌납된 것이다. 그와 같은 '자유정신'은 존재하지 않으며 존재한 일도 없다. 그러나 이미 말한 것처럼 나쁜 것들(질병, 고독, 타향, 무관심, 무위) 중에서 좋은 것으로 남기 위하여, 지껄이며 웃고 싶은 기분이 들면 함께 지껄이고 웃으며 싫증나면 던져버리는 용감한 동료와 환영(Gespenster)으로, 곧 친구가 없는 것에 대한 손해 배상으로 나는 자유정신들을 동반자로 필요로 했다. 그와 같은 자유정신들이 언젠가는 존재할 수 있고, 우리들의 유럽은 내일과 모레의 아들들 중에서 그처럼 명랑하고 대담한 친구를 가지게 될 것이며,

내 경우처럼 환영(幻影)과 은둔자, 그림자 연극이 아니라 살아 있고 만질 수 있는 친구를 가지게 될 것이다. 나는 이 사실을 전혀 의심하고 싶지 않다. 나는 그들이 벌써 천천히, 천천히 오는 것을 본다. 그들이 어떤 운명 아래에서 태어나고, 어떤 길로 그들이 오는지를 내가 아는지 미리 기술한다면, 나는 아마도 그들이 오는 것을 앞당기기 위해서 어떤 것을 행하는 것이 아닐까?

3

우리는, '자유정신'의 유형이 언젠가 당연히 완전하게 성숙해지고 알게 될 수 있게끔 정신이 어떤 위대한 해방에서 결정적 사건을 소유했고, 그 사건이 이전에는 매우 속박된 정신이었으며 사신의 구석과 기둥에 영원히 묶인 것처럼 보였다는 것을, 추측할 수 있다. 무엇이 가장 단단히 묶는가? 어떤 밧줄이 거의 잘라버릴 수 없는가? 고귀하고 선택된 인간들에게 그것은 의무가 될 것이다. 젊음에 고유한 저 외경심, 예부터 존경하고 가치를 부여한 모든 것에 대한 저 두려움과 나약함, 자기들이 자란 땅에 대한, 그들을 이끌었던 손에 대한, 그들이 숭배하기를 배웠던 성전에 대한 감사와 그들의 최고의 순간 자체는 그들을 가장 단단히 묶고 가장 지속적으로 의무를 느끼게 한다. 위대한 해방은 그렇게 속박당한 자들에게 마치 지진처럼 갑자기 다가온다. 젊은 영혼은 단 한 번에 흔들리고 떨어져 나가며 뽑혀버리고 그 자신도 무엇이 일어나는지 이해하지 못한다. 충동과 혼잡이 그 영혼을 지배하며 마치 명령과 같이 그 영혼에 대한 주인이 된다. 의지와 소망은 어떻게 해서든 어디론가 앞으로 나아가기 위하여 눈을 뜬다. 미지의 세계를 향한 거세고 위험한 호기심이 그 자체의 모든 감각에서 불타며 흔들린다. "여기서 살기보다 차라리 죽겠다." 단호한 목소리와 유혹은 이렇게 울린다. 이 '여기에', 그리고 이 '집에'라는 말은 젊은 영혼이 지금까지 사랑했던 모든 것이 아닌가! 그것은 젊은 영혼이 사랑한 것에 대한 갑작스런 경악과 의심, 너희들이 '의무'라고 불렀던 것에 대한 멸시의 섬광, 그리고 방랑, 타향, 소외, 냉각, 각성, 냉담에 대한 선동적이고 임의적이며 화산같이 치솟는 요구, 사랑에 대한 증오, 아마도 지금까지 자신이 숭배하고 사랑했던 곳으로까지 되돌아가는 신전 모독과 같은 태도와 시선, 아마도 방금 자기가 행한 것에 대한 불타는 수치심과 동시에 자신이 그것을 했다는 기쁨, 그리고 승리를 나타내는 더할 수 없이 기쁜 내면의 전율이다. 승리? 무엇에 관한 승리인가? 누구에 대한 승리인가? 그것은 수수께끼같이 문제가 많고 물을 만한 가치가 있는 승리지만 어쨌든 최초의 승리다. 그와 같은 아픔과 고통은 위대한 해방의 역사에 속한다. 동시에 위대한 해방은 인간을 파멸시킬 수 있는 질병이다. 자기규정, 자기 가치 정립에 대한 힘과 의지의 이 최초의 폭발. 자유의지를 향한 이 의지. 이제부터 해방된 자, 풀려난 자가 사물들에 대한 자신의 지배력을 증명하려고 할 경우 그의 난폭한 시도와 기묘함에는 얼마나 많은 질병이 드러날 것인가! 그는 채워지지 않은 욕망 때문에 무섭게 배회한다. 그의 긍지와 위태로운 긴장은 그가 약탈하는 것을 보상하지 않으면 안 된다. 그는 자신을 자극하는 것을 파괴한다. 그는 자신이 은폐한 것, 어떤 수치 때문에 소중히 간직하고 있는 것으로 발견하는 것을 악의에 찬 웃음을 웃으면서 뒤집는다. 그는, 우리들이 이 사물들을 전도시키면 그것들이 어떻게 보일지를 시험해 본다. 그런데 아마도 그가 지금까지 좋지 않은 평을 받은 것에 자신의 호의를 부여한다면, 만일 그가 호기심을 가지고 시험하려고 가장 금지된 것의 주위로 기어들어 간다면, 그러한 행동 안에 있는 것은 임의와 임의에 대한 쾌감이다. 그의 행동과 방황의 배후에는 — 그는 황야에서와 마찬가지로 불안하며 목표 없이 여행하고 있기 때문에 — 언제나 한층 더 위험한 호기심의 의문부호가 있다. 사람들은 모든 가치들을 전도시킬 수 없을까? 그리고 아마도 선은 악일까? 그리고 신은 단지 악마의 발명품이며 악마의 섬세함일 뿐인가? 궁극적으로 아마도 모든 것은 허위인가? 그리고 만일 우리들이 속은 자라면, 바로 그 때문에 우리들은 또한 속이는 자가 아닌가? 우리들은 또한 속이는 자가 되어야만 하지 않는가? 그와 같은 생각들이 인도하며 계속해서 앞으로, 계속해서 빗나가게 그를 유혹한다. 언제나 위협적이고 질식시키며 심장을 짓누르는 고독이 그를 에워싸고 둘러싼다. 저 무서운 여신이자 잔인한 욕망의 어머니(mater saeva cupidinum)가, 그러나 오늘날 고독이 무엇인지 누가 아는가?

4

이 병적인 고집으로부터, 그와 같은 시도의 해[年]들로부터 저 엄청나게 흘러넘치는 확실성과 질병 자체도 포괄할 수 있는 건강에 이르는 길은 아직 멀다. 마찬가지로 자기 지배와 심정의 수양이고, 수많은 대립적인 사고방식으로 향하는 길을 허용하는 저 성숙한 정신의 자유에 이르는 길은 멀다. 말하자면 정신이 자신의 길에서도 스스로를 잃고 자신의 길에 열중하며 어떤 한구석에 취하여 앉아 있을 위험을 쫓아내는 저 지나친 풍요로움의 내면적 광대함과 멋대로의 행동에 이르기까지의 길은 멀다. 위대한 건강의 표시인 유연하고 병을 완치하며 모방하고 재건하는 힘들의 저 흘러넘침에 이르기까지의 길은 멀다. 저 흘러넘침은 시도를 향하여 살고 모험에 나서도 된다는 위험한 특권을 자유정신에게 부여한다. 그것은 자유정신의 탁월한 특권이다! 그사이에는 여러 해에 걸친 치유 기간이 있을 수 있다. 그 해[年]들은 다채롭고 고통스러우며 매혹적인 변화가 가득하여, 벌써 자주 건강이라는 옷을 감히 입고 위장하는, 건강을 향한 강인한 의지에 의해서 지배되고 구속당한다. 그 안에는 나중에 그와 같은 운명을 가진 인간을 감동 없이는 기억해 낼 수 없는 중간 상태가 존재한다. 그는 창백하고 섬세한 빛과 태양의 행복을 가지고 있다. 그는 새의 자유, 새의 조망, 새의 오만에 관한 감정,[1] 그리고 호기심과 엷은 경멸이 결합된 제3의 어떤 감정을 가지고 있다. '자유정신'—바로 저 상태에서 이 차가운 단어는 유쾌하며 거의 따뜻하다. 사람들은 더 이상 사랑과 증오의 속박 안에서 살지 않고, 긍정하지도 않고 부정하지도 않으며, 마음대로 가까이 가고 마음대로 멀리 가며, 기꺼이 몰래 달아나고 피하며, 앞으로 날고 다시 사라지고

1) 새의 자유, 새의 조망, 새의 오만은 모든 존재자들을 통찰할 수 있는 자유정신, 그리고 나아가서 창조 정신을 의미한다. 이러한 개념들은 결국 힘에의 의지와 초인 개념을 예견한다고 볼 수 있다.

다시 높이 날면서 산다. 사람들은, 언젠가 자신 속에서 엄청난 다양성을 본 모든 사람처럼 악습에 물들었다. 그리고 사람들은 자기들과 관계없는 것들을 걱정하는 그런 사람들의 반대편이 되었다. 사실 이제부터 자유정신은 자신을 더 이상 걱정하지 않는 것들에만 관계하는데, 그러한 것들은 얼마나 많은가!

5

치유에서 한 걸음 더 나아간다. 그러면 자유정신은 물론 천천히, 거의 반항적으로, 거의 불신하면서 다시 삶에 다가간다. 그의 주변은 다시 점점 더 따뜻해지며 흡사 노란색과 같은 빛을 띤다. 감정과 공감은 깊이를 더하고 온갖 종류의 봄바람이 그의 위를 지나간다. 그는 이제야 처음으로 근처에 대하여 눈을 뜬 것 같은 기분이 거의 든다. 그는 놀라서 조용히 앉아 있다. 그는 대체 어디에 있었는가? 이 가까이에 있는, 그리고 가장 가까이에 있는 사물들. 이 사물들은 그에게 얼마나 변한 것으로 보이는가! 이 사물들은 그동안 어떤 솜털과 매력을 얻었는가! 그는 감사한 마음으로 뒤돌아본다. 자신의 방랑과, 자신의 고집, 그리고 자기소외, 자신의 먼 곳에 대한 응시와 차가운 하늘을 향한 새의 비상에 감사하면서 뒤돌아본다. 그가 마치 나약하고 둔한 게으름뱅이처럼 언제나 '집에', 언제나 '제 정신으로' 남아 있지 않은 것은 얼마나 훌륭한 일인가! 그는 자신을 잊고 있었다. 그것은 의심할 여지가 없다! 이제야 비로소 그는 자기 자신을 바라본다. 그리고 그는 거기에서 어떤 놀라움들을 발견하는가! 어떤 미지의 전율인가! 여전히 회복하는 자의 피로감 안에, 오래된 질병에, 재발에 있는 어떤 행복인가! 괴로워하면서 말없이 앉아 있는 것이, 인내심을 거미줄처럼 짜는 일이, 햇빛에 누워 있는 것이 그에게 얼마나 마음에 드는가! 누가 겨울의 행복과 벽에 비친 햇빛의 얼룩을 그만큼 잘 알고 있는가! 삶을 향하여 다시 반쯤 몸을 돌린, 이 치료되고 있는 자들과 도마뱀들은 세상에서 가장 감사할 줄 알며 또한 가장 겸손한 동물이다. 그들 중에는 질질 끄는 옷자락에 작은 찬미가를 달지 않고서는 하루도 지내지 못하는 그런 자들이 있다. 그리고 진지하게 말하자면 다음과 같다. 이러한 자유정신의 방식으로 병들게 되고, 한동안 병들어 있으며 그러고 나서 보다 더 오래도록, 보다 더 오래도록 건강하게, 내 생각으로는 '더 건강하게' 되는 것은 모든 염세주의(다 아는 것처럼 낡은 관념론자들과 거짓말쟁이들의 암)에 대한 근본적인 치료(Kur)다. 오랜 시간 단지 소량의 약으로 건강을 지켜내게 하는 것은 그 안에 있는 지혜, 곧 삶의 지혜다.

6

그 시기 즈음하여 결국, 여전히 불안하며 여전히 변하는 건강의 갑작스런 빛 아래에서 그때까지 그의 기억에 어둡고 의문스러우며 거의 언급할 수 없을 정도로 기다리고 있었던 저 위대한 해방의 수수께끼가 자유로운, 한층 더 자유로운 정신 앞에서 모습을 드러내기 시작한다. 그는 오랜 시간 전혀 다음처럼 자문하려고 하지 않았다. "왜 그렇게 멀리 떨어져 있는가? 왜 그렇게 홀로 있는가? 내가 숭배한 모든 것을 왜 포기했는가? 숭배 자체도 포기했는가? 자신의 미덕들에 대한 이 냉정함, 이 악의, 이 증오는 무엇 때문인가?" 이에 그는 감히 큰 소리로 그것을 물으며 또한 이미 그것에 대한 답처럼 어떤 것을 듣는다. "너는 당연히 너의 주인이 되어야만 했으며 또한 네 자신의 미덕의 주인도 되어야만 했다. 이전에 덕들은 너의 주인들이었다. 그러나 그 덕들은 다른 도구들과 함께 단지 너의 도구일 수 있을 뿐이다. 너는 당연히 너의 찬성(Für)과 반대(Wider)에 대한 권력을 얻어서 너의 보다 더 높은 목적을 위해서 그것을 떼어버리고 다시 붙이는 것을 배워야 했다. 너는 당연히 모든 가치 평가에서 원근법주의적인 것(das Perspktivische)[2]을 파악하기를 배워야만 했다. 너는 지평의 이런, 왜곡과 표면상의 목적론과 원근법주의적인 것에 속하는 모든 것을 파악하기를 배워야만 했다. 또한 대립된 가치들과 연관 있는 얼마간의 어리석음, 모든 찬성 및 반대와 함께 지불되는 전체적인 지적 희생도 파악하기를 배워야만 했다. 너는 당연히 모든 찬성과 반대 안에 있는 필연적인 불의를 파악하기를 배워야만 했고, 불의를 삶에서 분리 불가능한 것으로, 그리고 삶 자체를 원근법주의와 그것의 불의에 의해서 제한된 것으로 파악하기를 배워야만 했다. 무엇보다 우선 너는 당연히 불의가 항상 가장 큰 곳을 보아야만 했다. 말하자면 그곳에서 삶은 가장 작고 가상 하잘것없으며 가장 궁핍하고 가장 초보적으로 전개되지만, 삶은 자신을 사물들의 목적과 척도로 여기고, 자신을 보존하기 위하여 보다 더 높은 것, 보다 더 큰 것, 보다 더 풍요로운 것을 몰래, 그리고 조금씩, 그리고 끊이시 잃고 분쇄히면서 물음을 제기하는 곳이다. 너는 서열(Rangordnung)의 소제를 당연히 보아야만 했고, 힘과 권리와 원근법주의적인 것의 범위가 어떻게 서로 상승하는지를 보아야만 했다. 너는 그렇게 해야만 했다." 충분하다. 이제 자유정신은 어떤 "너는 당연히 해야만 한다"에

2) 원근법주의는 관점주의라고도 할 수 있다.

그가 복종해 왔는지, 그리고 또한 그가 지금 무엇을 할 수 있는지, 그리고 그가 이제 비로소 무엇을 해도 좋은지를 알고 있으니….

7

그처럼 자유정신은 저 해방의 수수께끼에 관련된 답을 부여하고 자신의 경우를 일반화함으로써 자신의 체험에 관하여 결론을 내린다. 그는 다음처럼 말한다. "체험이 내게 일어났던 것처럼 그 체험은, 어떤 사명이 생생하게 되기를 원하며 '세상에 나타나기를' 바라는 모든 사람에게 반드시 일어난다." 이와 같은 사명의 비밀스러운 힘과 필연성은 의식하지 못한 수태와 마찬가지로 개인의 운명들 사이에서, 그리고 그 운명들 안에서 지배할 것이고 자유정신이 이 사명 자체를 직시하고 그 이름을 알기 훨씬 전부터 지배할 것이다. 우리가 우리의 규정을 아직 알지 못한다고 할지라도 그 규정은 우리를 지시한다. 우리들의 오늘에 규칙을 부여하는 것은 미래다. 우리의 문제는 우리가 말해도 되는 서열의 문제라고 가정한다면, 우리들 자유정신은 이제 그 문제가 우리들 앞에 일어나기에 앞서서 어떤 준비와 우회로와 시련과 유혹과 변장이 그 문제를 필요로 했는지 우리들의 삶의 정오[3]에서 비로소 그것을 이해한다. 그리고 우리가 어떻게 '인간'으로 일컬어지는 저 내면세계의 모험가이며 세계 항해자로서, 그리고 마찬가지로 '인간'으로 일컬어지는 모든 '보다 더 높은 것'과 '중첩된 것'의 측정자로서 온갖 곳으로 밀치고 들어가며 거의 두려움 없이, 아무것도 업신여기지 않고, 어떤 것도 잃지 않으며, 모든 것을 맛보고, 모든 것을 우연으로부터 정화하면서, 말하자면 가려내면서 영혼과 신체에서 가장 다양하고 가장 모순되는 곤궁의 상태와 행복의 상태를 경험하지 않으면 안 되었는지를 비로소 우리들은 이해한다. 결국 우리들 자유정신이 다음처럼 말해도 될 때까지. "여기에 새 문제가 있다! 여기에, 그 디딤판에 우리들 자신이 앉아 있었고 그 디딤판을 올라가기도 한 긴 사다리가 있는데, 우리들 자신은 언젠가 그 긴 사다리였다! 여기에 보다 더 높은 것, 보다 더 깊은 것, 우리들 가운데 있는 것, 엄청나게 긴 질서, 우리들이 보는 서열이 있다. 여기에 우리들의 문제가 있다!"

8

이 책이 방금 묘사한 발달의 어떤 단계에 속하는지는

3) 삶의 정오란 삶이 가장 성숙한 시간을 말한다.

(또는 놓여 있는지는) 어떤 심리학자나 점쟁이에게 한순간도 은폐될 수 없을 것이다. 그러나 오늘날 심리학자가 어디에 존재하는가? 확실히 프랑스에는 심리학자가 있고 아마도 러시아에도 있을 것이다. 분명히 독일에는 심리학자가 없다. 더욱이 오늘날의 독일인들이 무엇 때문에 이러한 사실을 명예로 여길 수 있는지 그 이유가 없는 것은 아니다. 비독일적인 기질을 가진 사람, 그리고 비독일적으로 된 사람에게 이 책은 상당히 불쾌할 것이다! 넓은 영역의 국가들과 민족들에서 독자를 발견할 줄 알았던 이 독일 책은—약 10년간 그 과정에 있는데—냉담한 외국인의 귀도 매혹시키는 어떤 음악과 피리의 기술을 분명히 이해하고 있다. 바로 독일에서 이 책은 가장 덜 읽혔고 가장 냉대를 받았다.[4] 그 이유는 어디에 있는가? 사람들은 나에게 답했다. "이 책은 너무 많은 것을 요구한다. 이 책은 중대한 의무의 압박이 없는 사람에게 적합하다. 이 책은 정교하고 섬세한 감각을 원하며 충만함을 필요로 한다. 시간의 충만함과 하늘과 마음의 명쾌함에 있어서의 충만함

---

4) 1886년에 《인간적인 것, 너무나 인간적인 것 I · II》로 묶어 낸 책들, 즉 1876년의 《인간적인 것, 너무나 인간적인 것》과 1879년의 《혼합된 의견들과 잠언들》, 그리고 1880년의 《방랑자와 그의 그림자》 등이 독일에서 가장 적게 팔리고 덜 읽힌 것을 말하는 것이다.

과 가장 대담한 의미에서 한가로움의 충만함을 필요로 한다. 오늘날 우리 독일인들은 순수하게 훌륭한 이것들을 소유하고 있지 못하며 따라서 줄 수도 없다." 그처럼 정중한 대답이 있고 나서 나의 철학은 침묵하기를, 그리고 더 이상 계속해서 묻지 말기를 나에게 충고한다. 격언이 암시하는 것처럼 특히 우리들은 특정한 경우 오직 침묵함으로써 철학자로 남아 있다.

니차(Nizza)에서, 1886년 봄에

제1장
최초와 최후의 사물들에 관하여

1

개념과 감각의 화학—철학적 문제들은 지금 거의 모든 부분에서 다시금 2000년 전과 똑같은 물음 형식을 취하고 있다. 어떤 것은 어떻게 자신의 대립으로부터 생길 수 있는가? 예컨대 이성적인 것이 이성 없는 것에서, 감각하는 것이 죽는 것에서, 논리가 비논리에서, 무관심한 직관이 열망하는 의욕에서, 타인을 위한 삶이 이기주의에서, 진리가 오류에서 어떻게 생길 수 있는가? 형이상학적 철학은 지금까지 다른 것으로부터 어떤 것의 생성을 부정하고, 보다 더 높이 평가받는 것들을 위해서는 직접 '사물 자체(Ding an sich)'의 핵심과 본질로부터 기적과 같은 원천을 받아들인 한에 있어서 이와 같은 난점을 벗어날 수 있었다. 이에 반하여 모든 철학적 방법들 중 가장 최근의 방법인 자연과학과 분리해서는 더 이상 도저히 생각할 수 없는 역사적 철학은 통속적이거나 형이상학적인 견해의 흔한 과장에서의 대립을 제외하고 어떤 대립도 존재하지 않으며, 이성의 오류는 이러한 대립에 근거를 둔다는 사실을 개별적 경우들에서 밝혔다(그리고 추측건대 이 사실은 모든 경우 역사적 철학의 결론이 될 것이다). 엄밀하게 파악할 경우, 역사적 철학의 설명에 따르면 비이기주의적인 행위도 없고 완전히 무관심한 직관도 없다. 이들 두 가지는 단지 승화된 행위에 지나지 않는데, 이 두 가지의 근본 요소는 거의 증발한 것처럼 보이며, 여전히 오직 가장 정교한 관찰에 대해서만 현존하는 것으로 증명된다. 우리들이 필요로 하며 개별 학문들의 현재 수준에서 비로소 우리들에게 부여될 수 있는 모든 것은 도덕적, 종교적, 미학적 표상과 감각의 화학이며 또한 우리들이 문화와 사회의 크고 작은 교류에서, 실로 고독 안에서 체험하는 모든 저 감동들의 화학이다. 만일 이 화학의 영역에서도 가장 화려한 색채가 천하고, 실로 보잘것없는 재료로부터 얻어진 것이라는 결론이 내려진다면 어떨까? 많은 사람들이 그와 같은 탐구를 따를 생각을 할까? 인류는 유래와 시초에 관한 물음은 잊어버리고 싶어 한다. 대립된 경향을 자신 안에서 느끼기 위해서 우리들은 거의 탈인간화(脫人間化)되어야만 하지 않는가?

2

철학자들의 유전적 결함—모든 철학자들은 현대인으로부터 출발하고 현대인을 분석함으로써 목표에 도달하려고 생각하는 공통된 오류 자체를 범하고 있다. 철학자들에게는 그들도 모르게 '인간'이 영원한 진리(aeterna veritas)로서, 온갖 소용돌이 속에 똑같이 남아 있는 것으로서, 사물들의 정확한 척도로서 눈앞에 어른거린다. 그러나 철학자가 인간에 관하여 발언하는 모든 것은 근본적으로 매우 제한된 시기의 인간에 대한 증언에 지나지 않는다. 역사적 감각의 결여는 모든 철학자들의 유전적 결함이다. 더욱이 많은 철학자들은 부지중에 특정한 종교의, 실로 특정한 정치적 사건의 자취 아래에 있는 가장 최근의 인간 형태를 우리들이 출발하지 않으면 안 될 확고한 형태로 받아들인다. 그들은 인간이 생성되었다는 사실을, 인식능력도 생성되었다는 사실을 배우려고 하지 않는다. 그런가 하면 그들 중 몇몇 사람은 더욱이 이 인식능력으로부터 전체 세계를 만들어낸다. 그런데 인간 발달의 모든 본질적인 것은 우리들이 대강 알고 있는 저 4000년 전보다 훨씬 전인 태고 시대에 이루어졌다. 이 4000년 동안 인간은 그다지 많이 변하지 않았을 것이다. 그러나 철학자는 거기에서 현대인의 '본능'을 보며, 이 본능은 인간의 불변하는 사실에 속하고, 그러한 한에 있어 세계 일반의 이해를 위한 본능을 줄 수 있다고 가정한다. 전체 목적론은, 우리들이 지난 4000년간의 인간에 관하여 세계의 만물이 자신의 시초에서부터 자연적인 방향으로 향해온 영원한 인간이라고 말하는 사실을 근거로 성립되었다. 그러나 모든 것은 생성되었다. 아무런 영원한 사실도 존재하지 않는다. 마찬가지로 아무런 절대적 진리도 존재하지 않는다. 따라서 지금부터는 역사적으로 철학하기(das historishe Philosophieren)가 필요하고 그것과 함께 겸양의 덕이 필요하다.

3

초라한 진리의 평가—형이상학적이고 예술적인 시대와 인간에게서 생기는 즐겁고 눈부신 오류보다, 엄밀한 방법에 의해서 발견된 작고 초라한 진리를 높게 평가하는 것이 고차원적 문화의 특징이다. 우선 사람들은 진리와 오류 사이에는 똑같은 권리가 전혀 있을 수 없는 것처럼 진리에 대하여 입술에 조소의 웃음을 띤다. 이 진리는 그렇게 겸손하고, 소박하고, 냉정하고, 실로 겉보기에 기죽어서 서 있는데, 저 오류는 그렇게 아름답게, 화려하게, 매혹적으로, 실로 아마도 행복하게 해주면서 거기에 서 있다.

그러나 힘들게 도달한 것, 확실한 것, 지속하는 것, 따라서 앞으로의 모든 인식을 위해서도 효과 많은 것은 더 고차원적인 것이며, 그것을 유지하는 것은 남성적이고 용기와 정직과 절제를 나타낸다. 드디어 인류가 확고하고 지속적인 인식의 보다 높은 평가에 익숙해지고, 진리에 관한 영감과 기적적인 전파에 대한 모든 믿음을 상실했다면 개인뿐만 아니라 전체 인류 또한 이와 같은 남성다움으로 고양될 것이다. 물론 형식의 숭배자들은 미와 숭고함에 대한 자기들의 기준을 가지고, 하찮은 진리의 평가와 학문적 정신이 지배하기 시작하자마자 우선 조롱할 만한 훌륭한 근거를 소유하게 될 것이다. 그러나 그것은, 가장 소박한 형식의 매력에 아직 그들이 눈뜨지 못했기 때문이거나 아니면 저 정신으로 교육받은 사람들이 아직 그 정신에 의해서 완전히, 그리고 내면적으로 철저히 계발되지 못해서 그들이 여전히 생각 없이 낡은 형식들을 모방하기 때문일 것이다(그리고 어떤 일을 본질적으로 여기지 않는 어떤 사람이 행하는 것처럼 이 사실은 매우 좋지 않다). 과거에는 엄밀한 사유가 정신을 혹사시키지 않았다. 왜냐하면 정신의 진지함은 상징과 형식을 짜내는 데 있었기 때문이다. 상황은 변했다. 상징적인 것의 저 진지함은 비천한 문화의 특징으로 되었다. 우리들의 예술까지도 점점 더 지적으로, 우리의 감각이 더욱 정신적으로 되는 것처럼, 그리고 예컨대 우리는 감각적으로 기분 좋은 것에 관하여 지금은 100년 전과 전혀 다르게 판단하는 것처럼 우리의 삶의 형식들 또한 점점 더 정신적으로 되며, 아마도 고대의 시각으로 보면 더 추악하게 보일 것이다. 그러나 단지 그 이유는 내적이며 정신적인 미의 왕국이 어떻게 계속해서 깊어지고 넓어지는지, 그리고 지금은 가장 아름다운 체격과 가장 숭고한 건축물보다 더 재치 있는 시각이 우리들 모두에게 얼마만큼 타당할 수 있는지를 고대의 시각이 통찰할 수 없기 때문이다.

4

점성술과 유사한 것—종교적, 도덕적, 그리고 미학적 감각의 대상들 역시 단지 사물들의 표면에 속한다고 할 수 있을 것이다. 그런가 하면 인간은 여기에서 적어도 자신은 세계의 중심에 접촉하여 있다고 기꺼이 믿는다. 그러한 것들은 인간을 아주 깊이 행복하게 하고 또 매우 심하게 불행하게 만들며, 말하자면 여기에서 점성술에 있어서와 똑같은 오만함을 보여주기 때문에 인간은 스스로 기만당한다. 왜냐하면 점성술은, 별들을 가진 하늘이 인간의 운명 주변을 회전했다고 생각하기 때문이다. 그러나 도덕적 인간은 본질적으로 자신의 마음에 놓여 있는 것은 사물들의 본질이며 핵심이지 않으면 안 된다고 전제한다.

5

꿈의 오해—미개한 원시 문화의 시대에 인간은 꿈을 꾸면서 제2현실 세계를 알게 된다고 믿었다. 여기에 모든 형이상학의 원천이 있다. 꿈이 없다면 사람들은 세계를 분리시킬 아무런 동기도 발견하지 못했을 것이다. 영혼과 신체의 분리 역시 가장 오래된 꿈에 대한 견해와 관계가 있다. 영혼이 가상적 신체에 있다는 가정, 말하자면 모든 정령에 대한 믿음과 아마도 또한 신들에 대한 신앙의 유래도 마찬가지다. "죽은 자는 계속해서 산다. 왜냐하면 죽은 자는 꿈에서 살아 있는 자에게 나타나기 때문이다." 지난 수천 년을 통해서 사람들은 일찍이 이처럼 추도했다.

제2장
도덕적 감각의 역사에 대하여

35

심리학적 관찰의 장점들—인간적인 것, 너무나 인간적인 것에 관한 숙고는—또는 보다 더 교육받은 표현이 말하는 것처럼 심리학적 관찰은—우리들이 삶의 짐을 덜 수 있는 수단에 속한다. 심리학적 관찰의 기술에 대한 훈련은 어려운 상황에서 정신의 침착성을 주고 권태로운 환경 가운데서는 위로를 주며, 실로 사람들이 자기들의 삶에서 가장 험난하고 가장 불쾌한 시절에 금언을 얻을 수 있고 거기에서 약간은 더 편하게 느낄 수 있다. 이 사실을 사람들은 믿었으며 또한 알았다. 지난 몇 세기 동안에. 적어도 독일에서, 실로 유럽에서 심리학적 관찰의 궁핍이 많은 징후에 의해서 알려지고 있는 이 세기는 왜 그 사실을 잊었는가? 바로 소설과 단편소설과 철학적 고찰에서 그런 것은 아니다. 이것들은 특별한 인간들의 작업이다. 이것들은 공공의 사건과 인물의 평에서 더 잘 나타난다. 그러나 무엇보다도 먼저 모든 계층들이 있는 사회에는 심리학적 분석과 종합의 기술이 결여되어 있다. 그러한 사회에서 우리들은 물론 일반적인 인간에 관해서 말을 많이 하지만 인간에 관해서는 전혀 말하지 않는다. 그렇지만 왜 사람들은 가장 풍요롭고 가장 해가 없는 환담의 재료를 피하는 것일까? 왜 사람들은 한 번도 대가들이 쓴 심리학적 금언을 더 이상 읽지 않는가? 왜냐하면 전혀 과장하지 않고 말해서, 라로슈푸코(La Rochefoucauld), 그리고 그와 정신적 · 예술적으로 가까운 저자를 읽은 유럽의 교양인을 거의 발견할 수 없기 때문이다. 그리고 또한 그들을 알며 그들을 헐뜯는 그러한 자가 훨씬 더 드물기 때문이다. 그러나 이 비범한 독자 또한 아마도 저 예술가의 형식이 그에게 마땅히 주어야 할 것보다 훨씬 적은 즐거움을 그 대가들에서 얻게 될 것이다. 왜냐하면, 가장 예리한 두뇌라고 해도, 그 자신이 금언 연마의 기술에 대한 교육을 받지 못했고 그 기술에서 경쟁하지 않았다면, 금언 연마의 기술을 적절히 평가할 능력이 없기 때문이다. 그와 같은 실천적인 배움이 없으면 사람들은 창작과 제작을 사실보다 더 쉽게 여기며 성취한 것과 매력이 풍부한 것을 충분히 예리하게 느낄 수 없다. 따라서 금언을 읽는 현재의 독자들은 그 금언들에서 상대적으로 별로 중요한 만족을 느끼지 못하며, 실로 마음껏 쾌적함을 전혀 느끼지 못한다. 그러므로

이 독자들의 상태는 보석 세공인을 일상적으로 관찰하는 사람들의 상태와 마찬가지다. 그들은 사랑할 수 없기 때문에 칭찬하며 재빨리 감탄할 준비가 되어 있지만, 더 빨리 달려가 버릴 준비가 되어 있다.

36

반론—아니면 심리학적 고찰이 현존(Dasein)의 자극제, 치료제, 완화제에 속한다는 저 명제에 대한 반대 명제가 있어야만 하는가? 교양을 닦는 사람들의 시선을 의도적으로 금언을 연마하는 이 기술로부터 돌리게 할 만큼 사람들은 이 기술의 불쾌한 결과에 대하여 충분히 확신했단 말인가? 실제로 인간 본성의 선에 대한 어떤 맹목적 신념, 인간 행위의 분석에 대한 뿌리 깊은 반감, 영혼의 노출에 대한 일종의 수치심 등은 개별적인 경우 심리학적 예리함의 저 유용한 특징보다 인간의 전체 행복을 위해서 현실적으로 보다 더 바람직한 것일 수 있다. 그리고 아마도 선에 대한, 덕스러운 인간의 행위에 대한, 세상 안에 비개인적 호의의 충만함에 대한 믿음은, 인간이 똑같은 사람들을 덜 의심스럽게 만든 한에 있어서 인간들을 보다 더 훌륭하게 만들었을 것이다. 만일 사람들이 플루타르코스의 영웅들을 모방하고, 그들의 행위의 동기를 의심하면서 알아보기를 꺼린다면, 사람들은 진리를 가지지는 못하지만 인간 사회의 복지는 그 유용함을 그러한 사실 안에 가지고 있다. 심리학적 오류와 이 분야에 대한 둔감함이야말로 인간성을 진전시키는 데 도움이 된다. 그런가 하면 진리의 인식은 아마도 라로슈푸코가 《도덕적 금언과 준칙》의 초판에서 처음에 언급한 것처럼 가설의 자주적인 힘을 통해서 더 많은 것을 획득한다. "세상 사람들이 덕이라고 일컫는 것은 보통 사람들이 원하는 것을 벌받지 않고 행하기 위하여 적당한 명칭을 부여한, 우리들의 정열에 의해서 형성된 환영(幻影)에 지나지 않는다." 라로슈푸코와 영혼을 조사하는 저 프랑스의 또 다른 대가들은 (최근에는 《심리학적 고찰들》의 저자인 한 독일인도 이 대가들에 포함되는데) 끊임없이 태양의 흑점을 명중시키는, 그러나 인간의 본성이라는 흑점을 명중시키는 훌륭한 사격수와 같다. 그들의 능숙함은 놀라움을 자아내지만, 결국에 와서는 학문의 정신에 의해서가 아니라 인류의 우애에 의해서 인도받는 구경꾼은, 인간의 영혼 안에 왜소함과 의혹의 감각을 심는 것으로 보이는 기술을 저주한다.

제3장
종교적 삶

108

재앙에 대한 이중적 투쟁―우리들에게 어떤 재앙이 닥칠 때, 우리들은 그 재앙의 원인을 제거하거나 아니면 그 재앙이 우리들의 감각에 미치는 결과를 변화시킴으로써 그 재앙을 벗어날 수 있다. 재앙의 이익은 아마도 나중에야 비로소 명백하게 될 것이라고 재앙을 선으로 재해석함으로써 재앙을 벗어날 수 있다. 종교와 예술은 (형이상학적 철학도) 한편으로 체험에 관한 우리들의 판단을 변화시킴으로써(예컨대 "신은 자신이 사랑하는 자를 징계한다"는 명제의 도움에 의하여), 또 한편으로 고통에, 그리고 정서 일반에 쾌감을 일깨움으로써 (이곳에서 비극 예술은 자신의 출발점을 취하는데) 감각을 변화시키려고 애쓴다. 어떤 사람이 재해석하고 올바르게 해석하려고 하면 할수록 더욱더 그는 재앙의 원인을 직시하기 힘들게 되며 그 원인을 제거하기 힘들게 된다. 예컨대 순간적인 진정과 마취는 치통에 있어서 통용되고 있는 것처럼 보다 더 심각한 고통의 경우에도 그에게 충분히 적용된다. 종교와 모든 마취술의 지배가 줄어들면 줄어들수록, 인간은 재앙의 현실적 제거를 더욱더 강하게 직시한다. 물론 이것은 비극 시인에게는 나쁜 일이다. 왜냐하면 냉정하고 극복하기 어려운 운명의 왕국이 점점 작아지므로 비극에 대한 소재가 점점 줄어들기 때문이다. 그러나 사제들에게는 더 나쁘다. 왜냐하면 그들은 지금까지 인간의 재앙을 마취시키는 것에 의지하여 살아왔기 때문이다.

109

인식은 비탄이다 — 우리들에게 선을 요구하며 모든 행동, 모든 순간, 모든 사고의 파수꾼이자 증인인 신, 우리를 사랑하며 모든 불행 속에서 우리의 최선을 원하는 신이 존재한다는 사제들의 그릇된 주장을 사람들은 얼마나 들으려고 하는가. 그리고 사람들은, 저 오류들과 마찬가지로 치료하고 안정시키며 즐겁게 해주는 진리와 사제들의 이 잘못된 주장을 얼마나 기꺼이 바꾸기를 원하는가! 그렇지만 그와 같은 진리는 존재하지 않는다. 철학은 기껏해야 다시금 형이상학적 가상들을 (근본적으로 또한 비진리를) 그 진리들에 대립시킬 수 있다. 그러나 이제 사람들이 가슴과 머리 안에 진리의 엄밀한 방법을 지니고 있으면, 저 종교의 교의와 형이상학을 믿을 수 없으며, 다른 한편으로 사람들이 인류의 발달을 통하여 최상의 치료제와 안정제를 필요로 할 정도로 연약하고, 민감하며, 고통스럽게 되었다는 사실은 비극이다. 말하자면 이 비극으로부터, 인식된 진리에서 인간이 피를 흘리는 위험이 생긴다. 바이런(Byron)은 이 사실을 불멸의 시구로 표현한다.

인식은 비탄이다. 가장 많이 아는 자들은
가장 깊이 숙명적 진리를 애도하지 않으면 안 된다.
인식의 나무는 생명의 나무가 아니다.

그와 같은 염려에 대해서는, 적어도 영혼의 가장 나쁜 시간과 일식을 위하여 호라티우스(Horatius)의 축제와 같은 경쾌함을 주문으로 이끌어내 그와 함께 자기 자신에게 말한 것 외에는 더 좋은 도움의 수단이 전혀 없다.

왜 영원한 것을 가지고 보다 더 작은
영혼을 피로하게 만드는가?
이 높은 플라타너스 아래,
소나무 아래 누워서.

그러나 확실히 온갖 경솔함과 우울증은 어떤 형태로든 낭만적으로 기독교로 되돌아가거나 그것에서 도망치거나 그것에 접근하는 것보다 더 낫다. 왜냐하면, 현재의 인식 상태에 따르면, 사람들이 자신의 지적 양심을 치명적으로 더럽히지 않고서는, 그리고 자신과 다른 사람들 앞에서 지적 양심을 포기하지 않고서는 절대로 기독교와 관계를 맺을 수 없기 때문이다. 저 아픔은 충분히 고통스러울 것이다. 그러나 사람들은 아픔 없이는 인류의 지도자와 교육자가 될 수 없다. 이것을 시도하고자 하며 저 순수한 양심을 더 이상 가지지 않은 자에게는 고통이 있기를!

제4장
예술가와 저술가의 영혼으로부터

145

완전한 것은 당연히 생성된 것이어서는 안 된다 — 우리들은 모든 완전한 것에 있어서 생성에 대한 물음을 단념하고 오히려 현재의 것이 마치 마술에 의하여 땅에서 솟아나온 것처럼 그것을 즐기는 것에 익숙하다. 아마도 여기에서 우리들은 여전히 매우 오래된 신화적 감각의 영향을 받고 있을 것이다. 그것은 마치 (예컨대 페스툼 신전과 같은 그리스 신전 안에서) 어느 날 아침 신이 장난삼아 거대한 암석으로 자신의 주택을 지은 것처럼 우리들이 느끼는 것과 거의 같은 것이다. 또 다른 한편으로 그것은 영혼이 너무나 갑자기 마법에 의해 돌 속으로 들어가서 그 돌을 통해서 말하려고 하는 것처럼 우리들이 느끼는 것과 거의 같은 것이다. 예술가는, 자신의 작품이 즉흥곡에 대한 신념, 기적처럼 갑작스런 생성에 대한 믿음을 불러일으킬 때만 완전히 효과적이라는 사실을 알고 있다. 그래서 그는 물론 이와 같은 환상을 지지하며, 창작의 시초에서의 감동적

불안, 맹목적으로 파악하는 무질서, 귀 기울이면서 꿈꾸기 등의 저 요소들을 예술 속으로 이끌어 들인다. 이것은 보는 자와 듣는 자의 영혼이 완전한 것의 갑작스러운 탄생을 믿는다고 동의하게끔 하는 기만 수단이다. 예술의 학문은 이와 같은 환상을 마치 너무나 분명한 것처럼 가장 확실히 반대해야 하며 지성의 오류 추리와 악습을 제시해야 한다. 지성은 오류 추리와 악습을 가지고 예술가에게 올가미를 씌운다.

146

예술가의 진리 감각－예술가는 진리의 인식에 관해서는 사상가보다 더 허약한 도덕성을 가지고 있다. 그는 삶에 대한 찬란하고 심오한 해석을 전적으로 받아들이려고 하지 않으며, 소박하고 단순한 방법과 결론도 거부한다. 그는 인간의 보다 더 높은 가치와 의미를 위하여 싸우고 있는 것처럼 보인다. 실제로 그는 자기의 예술에 대하여 가장 효과적인 전제들, 말하자면 환상적인 것, 신화적인 것, 불확실한 것, 극단적인 것, 상징적인 것에 대한 감각, 개인의 과대평가, 천재 안의 기적적인 어떤 것에 대한 믿음을 포기하려고 하지 않는다. 따라서 그는, 비록 그 형태가 매우 간결해 보인다고 해도 모든 형태의 참다운 것에 대한 학문적 헌신보다 자신의 방식대로 창작을 지속시키는 것을 보다 더 중요하게 여긴다.

147

죽은 자를 불러내는 무녀(巫女)로서의 예술－예술은 보존하는 과제 외에 빛이 꺼지고 색이 바랜 표상들을 약간 다시 채색하는 과제를 수행한다. 예술은 이와 같은 과제를 해결할 때 서로 다른 시대들을 결속시키고 그 시대들의 정신을 재생시킨다. 그런데 이렇게 해서 생기는 삶은 무덤 위에 있는 것과 같은, 아니면 꿈에서 사랑했던 죽은 자의 재생과 같은 가상의 삶일 뿐이지만 적어도 순간적으로나마 옛날의 감각이 다시 한 번 활기를 되찾고 심장은 거의 잊어버린 박자에 따라서 고동친다. 예술가가 인류의 계몽과 발전하는 남성화의 선두에 서지 않는다고 해도, 우리들은 이제 이와 같은 예술의 일반적 유용성 때문에 예술가를 관대히 보아주지 않으면 안 된다. 예술가는 일생 동안 어린아이와 청소년으로 남아 있으며, 그에게 예술 충동이 덮쳤던 시점에 물러서 있다. 그러나 누구나 인정하는 것처럼 최초의 삶의 단계의 감각들은 현세기의 감각들보다 지나간 시대의 감각들에 더 가깝게 서 있다. 본의 아니게 인류를 어린아이로 만드는 것이 예술가의 과제가 된다. 이것이 예술가의 명성이고 예술가의 한계다.

148

삶을 완화하는 자로서의 시인들—시인들 또한 인간의 삶을 가볍게 하려고 하는 한에 있어서, 그들은 비참한 현재로부터 눈을 돌리거나 아니면 그들이 과거로부터 빛나게 만드는 빛을 통해서 현재가 새로운 색깔을 띠도록 돕는다. 이 일을 수행할 수 있기 위해서 시인들은 여러 가지 관점에서 역행하는 존재가 되지 않으면 안 된다. 그래서 우리들은 시인들을 매우 먼 시대와 표상으로 행하는, 죽어가거나 죽어버린 종교와 문화로 행하는 다리로 이용할 수 있다. 본래 그들은 항상 필연적으로 아류들(Epigonen)이다. 물론 삶의 완화에 대한 그들의 수단에 관해서 몇 가지 부적절한 것을 말해야 한다. 시인들은 단지 잠정적으로만, 오직 순간적으로만 완화하고 치료한다. 시인들은 바로 행동으로 돌진하는 불만에 찬 사람들의 열정을 지양하고 일시적으로 해소하면서, 실은 인간들이 자기들의 상태를 현실적으로 개선하기 위해서 일하는 것을 막는다.

149

아름다움의 느린 화살—가장 고귀한 종류의 아름다움

은 갑자기 매혹시키는 아름다움도 아니고 폭풍우처럼 도취시키면서 달려드는 사랑도 아니고(그러한 사랑은 쉽사리 구토를 일으킨다), 우리들이 거의 눈치 채지 못하고 계속 가지고 있는 아름다움, 언젠가 꿈속에서 다시 만난 사랑, 그러나 결국 오래도록 우리들 가슴속에 겸손하게 자리한 후에 우리들을 전적으로 사로잡고 우리의 눈을 눈물로, 우리의 가슴을 동경으로 채우면서 천천히 스며드는 저 아름다움이다. 우리들은 아름다움을 보면서 무엇을 동경하는가? 아름답게 되기를 동경한다. 많은 행복이 아름다움과 결부되어 있는 것이 분명하리라고 우리는 공상한다. 그러나 그것은 오류(Irrthum)다.

150

예술의 생명을 불어넣는 일―예술은 종교가 몰락한 곳에서 자신의 머리를 치켜세운다. 예술은 종교에 의해서 생긴 많은 감정과 분위기를 이어받고 그것들을 자신의 가슴에 간직하며 지금은 보다 더 심원해지고 보다 더 생명이 충만해지므로 이전에는 할 수 없었던 찬양과 감동을 전할 수 있다. 강물로 불어난 풍요로운 종교적 감정은 끊임없이 계속 넘쳐흐르며 새로운 왕국들을 정복하려고 한다. 그러나 증대하는 계몽사상은 종교의 교의들을 뒤흔들어

놓았고 근본적인 불신을 조장했다. 이렇게 계몽사상에 의하여 종교적 영역으로부터 밀려난 감정은 예술로 밀고 들어간다. 우리들이 인간적인 노력에서 한층 더 짙게 어두운 색채를 지각하는 모든 곳에서, 우리는 음산한 정령들, 향내 나는 습한 연기, 교회의 그림자가 그것에 부착되어 있다고 추측할 수 있다.

제5장
보다 더 높은 문화와 보다 더 낮은 문화의 징후

224

퇴화를 통하여 고상해지기 — 다음의 사실을 역사로부터 배워야 한다. 즉 어떤 민족의 혈통은, 대부분의 사람들이 자기들의 습관적이며 논란의 여지가 없는 근본 법칙에 따라서, 말하자면 자기들의 공동의 믿음에 따라서 생산한 공공의 협동심을 소유할 때 가장 잘 보존된다. 여기에서 훌륭하고 쓸모 있는 풍습(Sitte)[5]이 강화되고, 여기에서 개체의 종속성이 가르쳐지고, 품성에는 이미 견고함이 생일 선물로 주어지고 나중에는 그것이 습관화된다. 동질적이고 특징적인 개체들을 기초로 삼은 이 강한 공동체의 위험은 세습에 의해서 점점 우둔함이 강화되는 것인데, 이 우둔함은 일단 정착되면 정착된 것의 그림자처럼 뒤따른다. 그와 같은 공동체에 있어서의 정신적 진보는 보다 덜

5) 보통 'Sitte'는 규범적인 '윤리'로 해석되지만 여기서는 문맥에 어울리게 풍습으로 옮겼다.

속박당한, 더한층 매우 불안한, 그리고 도덕적으로 보다 더 약한 개체들에게 속해 있다. 새로운 것과 일반적으로 다양한 것을 시도하는 사람들이 있다. 이와 같은 종류의 무수한 사람들은 자기들의 허약함 때문에 매우 눈에 띄는 효과도 없이 소멸해 버린다. 그러나 일반적으로, 특히 그들이 후손을 가진다면 그들은 긴장이 풀리고 대대로 공동체의 안정된 요소에 상처를 불러온다. 바로 이 상처입고 약화된 장소에서 전체 존재에 말하자면 어떤 새로운 것이 접종된다. 그러나 전체적 존재의 힘 전체는 이 새로운 것을 자신의 핏속으로 받아들이고 자신을 동화시키기 위하여 충분히 강하지 않으면 안 된다. 퇴화하는 본성들은 진보가 이루어져야만 하는 곳에서는 어디에서든지 가장 중요한 의미를 가진다. 대체로 모든 진보에는 부분적인 약화가 선행되지 않으면 안 된다. 가장 강한 본성들은 유형(Typus)을 굳게 보존하며, 보다 더 약한 본성들은 유형을 계속 형성하는 것을 돕는다. 얼마간 비슷한 것이 개별적 인간에게도 생긴다. 어떤 퇴화, 불구, 악덕도, 그리고 일반적으로 신체적이나 도덕적인 결손도 또 다른 측면에서 장점을 가지지 않은 경우는 드물다. 예컨대 병든 인간은 아마도 호전적이며 불안한 종족 가운데서 홀로 있음으로써 더 침착하고 현명해질 수 있는 계기를 더 많이 가질 것이고, 외눈박이는 보다 더 강한 한 눈을 가질 것이며, 장님은 보다 더 깊게 내면을 바라보고 어쨌든 더 예리하게 들을 것이다. 그러한 한에 있어서 내가 보기에, 저 유명한 생존 경쟁은 한 인간과 종족의 진보나 강화를 설명할 수 있는 유일한 관점이 아닌 것 같다. 오히려 두 가지가 함께 합치지 않으면 안 된다. 하나는 신앙과 공통 감정 안에서 정신들을 결합하여 안정된 힘을 증대시키는 것이고, 또 하나는 퇴화하는 본성들을, 그리고 안정된 힘을 부분적으로 약화하고 손상시켜서 보다 더 높은 목표에 도달하기 위한 가능성이다. 바로 보다 더 여리고 자유로운 것으로서의 한층 더 약한 본성이 모든 진보 일반을 가능하게 한다. 어디에선가 부패하고 약해지는, 그러나 전체로는 여전히 강하고 건강한 민족은 새로운 것에 감염되어 새로운 것의 장점을 흡수할 수 있다. 개별 인간에 있어서 교육의 과제는, 전체로서의 인간이 더 이상 자신의 궤도로부터 이탈하지 않도록 그를 견고하게, 그리고 확실하게 일어서도록 하는 것이다. 그러나 다음으로 교육자는 그에게 상처를 입히거나 또는 운명이 그에게 입힌 상처를 이용해야 한다. 그래서 만일 고통과 욕구가 생기면, 또한 상처 받은 곳에 새롭고 고상한 어떤 것이 접종될 수 있다. 교육자의 전체 본성은 그 어떤 것을 자신 안으로 받아들일 것이며 나중에 그 열

매들 속에서 고상해짐을 느끼게 할 것이다. 국가에 관하여 마키아벨리는 다음처럼 말한다. "비록 어설프게 교육받은 사람들은 다르게 생각한다고 할지라도 통치의 형식은 매우 귀찮은 의미를 가진다. 정치의 최대 목표는 당연히 지속(Dauer)이어야만 할 것이다. 지속은 자유보다 훨씬 더 귀중하기 때문에 다른 모든 것을 능가한다." 오직 확실하게 기초가 잡히고 최대한으로 보증된 지속에 있어서만 끊임없는 발달과 고상하게 하는 접종 일반이 가능하다. 물론 통상적으로 모든 지속의 위험한 동반녀(同伴女)인 권위는 그러한 일을 방해할 것이다.

225

자유정신은 상대적 개념이다－우리들은, 그의 혈통, 환경, 그의 신분과 지위를 근거로 삼아 아니면 지배적인 시대의 견해를 근거로 삼아 우리들이 그에 관하여 기대하는 것과 다르게 생각하는 그러한 사람을 자유정신(Freigeist)이라고 부른다. 자유정신은 예외이며 속박된 정신들은 보통 있는 것들이다. 속박된 정신들은 자유정신을 다음처럼 비난한다. 즉 자유정신의 자유로운 원칙들은 눈에 띄려고 하는 병적 욕망에 자신의 근원을 가지거나 속박된 도덕과는 통일 불가능한 소위 그러한 자유로운 행위라고 결론 내린다는 것이다. 때때로 사람들은 이러저러한 자유로운 원칙들이 두뇌의 괴팍함과 엉뚱함으로부터 도출된 것이라고 말하기도 한다. 그렇지만 단지 악의(Bosheit)만 그렇게 말하는데, 이 악의는 자신이 말하는 그것을 믿지 않지만 그렇게 말함으로써 상처를 입히려고 한다. 왜냐하면 자유정신의 지성이 가진 보다 더 큰 선과 예리함에 대한 증거는 보통 자유정신의 얼굴에 쓰여 있어서, 속박된 정신들도 그 증거를 충분히 이해할 정도로 알 수 있기 때문이다. 그러나 자유정신의 이 두 가지 기원들은 공정하게 생각된 것이다. 사실 여러 자유정신들 역시 이러저러한 방식으로 성립한다. 그러나 그렇기 때문에 자유정신이 그러한 방법으로 도달한 원칙들은 속박된 정신들의 원칙보다 더 참다우며 더 믿을 만하다. 진리 인식에 있어서는 우리들이 어떤 충동에서 그 인식을 추구했고 어떤 방법으로 그 인식을 발견했는지가 아니라 우리들이 그 인식을 소유하고 있다는 사실이 중요하다. 만일 자유정신이 정당하다면 속박된 정신들은 부당하다. 전자가 비도덕으로부터 진리에 도달했는지 또는 후자가 지금까지 도덕으로부터 비진리를 고집했는지의 여부는 중요치 않다. 어쨌든 자유정신이 보다 더 정당한 견해를 가지고 있다는 것이 아니라 오히려 성공했든 실패했든 상관없이 자유정신이 관습적인 것으로부터 해방되었다는 것이 자유정신의 본질에 속한다. 그렇지만 일상적으로 자유정신은 진리를, 아니면 적어도 진리 탐구의 정신을 자기편으로 가지게 될 것이다. 자유정신은 근거들을 요구하며 다른 정신들은 신앙을 요구한다.

226

신앙의 기원-속박된 정신은 근거로부터가 아니고 습관으로부터 자신의 입장을 받아들인다. 예컨대 속박된 정신이 기독교도인 것은, 그가 여러 종교들을 통찰하고 그 종교 중에서 어떤 것을 선택했기 때문이 아니다. 자유정신이 영국인인 것은, 그가 스스로 영국을 위하여 결정했기 때문이 아니고, 포도주 산지에서 출생하여 포도주 마시는 사람이 되는 어떤 사람처럼 기독교와 영국 국적이 자기 앞에 있는 것을 발견하고 근거 없이 그것들을 취했기 때문이다. 나중에 기독교인과 영국인이 되었을 때 그는 아마도 자신의 습관을 위하여 한두 가지 근거들을 발견했을 것이다. 사람들은 이 근거들을 전도시킬 수 있지만 그렇게 한다고 해도 자유정신의 전체적인 입장에서 자유정신을 전도시키지는 못한다. 예컨대 사람들이 속박된 정신으로 하여금 이중 결혼(Bigamie)을 반대하는 그의 근거들을 말하게 하면, 사람들은 일부일처제에 대한 자유정신의 신성한 열성이 그 근거들을 바탕으로 삼는지 아니면 습관을 바탕으로 삼는지 경험할 것이다. 근거 없이 정신적 원칙들에 습관이 되는 것을 우리들은 신앙이라고 부른다.

제6장
교제하는 인간

293

호의적 위장－흔히 사람들과의 교제에서는 마치 우리들이 그들의 행위의 동기를 꿰뚫어 보지 못한 것처럼 호의적으로 위장하는 것이 필요하다.

294

복사물들－사람들은 드물지 않게 중요한 사람들의 복사물들을 만난다. 그림들에 있어서와 마찬가지로 여기서도 역시 대부분의 사람들에게는 원래의 것보다는 복사물들이 훨씬 더 마음에 든다.

295

웅변가－사람들은 가장 적절하게 말할 수 있지만, 모든 세계가 반대를 외치도록 말할 수도 있다. 즉 사람들이 모든 세계를 향해서 말하지 않을 경우 그럴 수 있다.

296

친밀함의 결여 — 친구들 사이에서 친밀함의 결여는, 그것이 치유될 수 없는 것이 아니라면 비난받을 수도 없는 잘못이다.

297

선물의 기술에 대하여 — 선물이 단지 올바르지 못한 방식으로 제공되었기 때문에 선물을 거절하지 않으면 안 된다는 것은 선물한 사람을 화나게 한다.

298

가장 위험한 당원 — 모든 당에는 당의 원칙들에 대한 지나친 신뢰의 발언을 통해서 나머지 사람들을 탈당하도록 자극하는 그런 사람이 있다.

299

환자의 조언자 — 환자에게 조언하는 자는 조언이 받아들여지든지 아니면 거절당하든지 간에 환자에 대한 우월감을 가진다. 그렇기 때문에 예민하며 자존심이 강한 환자들은 자기들의 병보다 조언자들을 훨씬 더 미워한다.

300

평등의 두 가지 종류－평등에 대한 욕구는 우리들이 다른 모든 사람들을 우리들 자신으로까지 끌어내리려고 하거나(얕보고, 비밀로 하고, 다리를 걸어서) 아니면 우리들 자신을 모든 사람들과 함께 끌어올리고자 하는 (인정, 도와줌, 타인의 성공에 대한 기쁨을 통해서) 것으로 표현될 수 있다.

301

당혹에 대하여－매우 당혹해하는 사람들을 돕고 그들을 안심시키는 가장 좋은 수단은 그들을 결정적으로 칭찬하는 일 안에서 성립한다.

302

개별적 덕에 대한 편애－우리들은 우리의 적에게 덕이 완전히 결여되어 있는 것을 지각하기 전까지는 덕의 소유에 특별한 가치를 두지 않는다.

303

우리는 왜 반대하는가－어떤 의견이 오직 그 전달된

어조만이 우리들에게 호의적이지 않을 뿐인데도 우리들은 흔히 그 의견에 반대한다.

304

신뢰와 친밀함 - 어떤 다른 사람과 일부러 친밀해지려고 애쓰는 사람은 자신이 그 사람의 신뢰를 얻고 있는지의 여부에 관하여 보통 확신을 가지고 있지 못하다. 신뢰를 확신하는 사람은 친밀함에 별 가치를 두지 않는다.

305

우정의 균형 - 어떤 다른 사람에 대한 우리들의 관계에서 때때로 우리들이 우리들 자신의 저울판에 한두 그란(Gran)[6]의 부당함을 놓았을 때, 우정의 올바른 균형이 되돌아온다.

306

가장 위험한 의사들 - 완전한 기만술을 가지고, 타고난 배우로서, 타고난 의사를 모방하는 사람들이 가장 위험한 의사들이다.

---

6) 1그란은 0.06g이므로 한두 그란은 극히 적은 양을 지칭한다.

307

역설들이 적절할 때－재치 있는 인간들은 어떤 명제를 설득시키기 위해서 가끔 똑같은 명제를 단지 엄청난 역설 형식으로 제시하기만 하면 된다.

308

어떻게 용감한 사람들이 설득당하는가－우리들은 어떤 행위를 실제 행위보다 더 위험하게 표현함으로써 그 어떤 행위를 하게끔 용감한 사람들을 설득한다.

309

점잖음－우리들이 좋아하지 않는 사람들이 우리들에게 표시하는 점잖음을 우리들은 범행으로 평가한다.

310

기다리게 하는 것－사람들을 흥분시키고 그들의 머릿속에 나쁜 생각을 심어놓는 가장 확실한 수단은 그들을 오래 기다리게 하는 것이다. 이것은 사람들을 비도덕적으로 만든다.

311

친밀한 사람들에 대하여—우리들에게 자기들의 완전한 신뢰를 보내는 사람들은 그렇게 함으로써 우리의 신뢰에 대한 권리를 가진다고 믿는다. 이것은 오류 추리다. 선물을 통해서 우리들은 어떤 권리도 얻지 못한다.

312

화해 수단—우리가 손해를 끼친 어떤 다른 사람에게, 개인적으로 보상하기 위해서, 그리고 실로 그가 우리에게 잘 어울리도록 하기 위해서는 우리들에 관해서 농담할 기회를 자주 그에게 주는 것으로 충분하다.

313

혀의 허영심—인간이 자신의 나쁜 성질과 악덕을 숨기든지 아니면 공공연히 인정하든지 간에 두 가지 경우 그의 허영심은 이득을 소유하기를 원한다. 사람들은 단지, 그가 어떤 사람 앞에서 그런 성질을 숨기고 어떤 사람 앞에서 정직하고 솔직해지는 것을 얼마나 세심하게 구분하는지 주의해서 볼 뿐이다.

314

사려 깊은－아무도 괴롭히지 않고, 아무에게도 손해를 입히려고 하지 않는 것은 올바른 기질의 표시이면서 동시에 소심한 기질의 표시일 수도 있다.

315

논쟁에 필요한 것－자신의 생각을 얼음 위에 놓는 것을 이해하지 못하는 사람은 당연히 논쟁의 열기 속으로 들어가서는 안 된다.

316

교제와 자만심－만일 우리들 자신이 공로 있는 사람들 사이에 있다는 것을 안다면 우리들은 자만심을 버린다. 홀로 있음은 오만을 심는다. 젊은 사람들은 자만한다. 왜냐하면 그들은, 모두가 아무것도 아니지만 기꺼이 많은 것을 의미하는 그들과 똑같은 사람과 교제하기 때문이다.

317

공격의 동기－사람들은 어떤 사람을 아프게 하고 그를 이기기 위해서 뿐만 아니라 아마도 오로지 자기들의 힘을 의식하기 위해서도 역시 공격한다.

318

아첨－교제에서 아첨에 의하여 우리의 조심성을 무디게 하려고 하는 사람들은, 위험한 수단, 말하자면 수면제를 사용하는데, 만일 수면제가 잠들게 하지 못하면 단지 한층 더 깨어 있게 만들 뿐이다.

319

편지를 훌륭히 쓰는 사람－전혀 책을 쓰지 않고, 많이 생각하며 사교 생활을 충분히 하지 못하며 사는 그러한 사람은 보통 편지를 훌륭히 쓰는 사람이 될 것이다.

320

가장 추한－여행을 많이 한 사람이 세상 어떤 곳에서 인간의 얼굴보다 더 추한 곳을 발견했는지의 여부가 의심스럽다.

제7장
여성과 아이

377

완전한 여성—완전한 여성은 완전한 남성보다 한층 더 고차원적인 인간의 유형이다. 또한 훨씬 더 드문 어떤 것이다. 동물의 자연과학은 이 명제를 개연적으로 만들기 위한 수단을 제공한다.

378

우정과 결혼—가장 좋은 친구는 아마도 가장 좋은 아내를 얻을 것이다. 왜냐하면 훌륭한 결혼은 우정에 대한 재능을 바탕으로 삼기 때문이다.

379

부모의 존속—부모의 성격과 성향에 관하여 해결되지 않은 불협화음은 어린아이의 존재 안에서 계속해서 울리며 그의 내면적인 고뇌의 역사를 형성한다.

380

어머니로부터－모든 사람은 어머니로부터 얻은 여성상을 자신 안에 지니고 있다. 그가 여성 일반을 존경하는가 또는 귀찮게 여기는가 아니면 여성에 대해서 일반적으로 무관심한가 하는 것은 그러한 여성상에 의해서 결정된다.

381

자연을 수정하는 것－만일 우리들이 훌륭한 아버지가 없다면, 당연히 우리들은 그런 아버지를 만들어야만 한다.

382

아버지들과 아들들－아버지들은, 자기들이 아들들을 가지고 있다는 사실을 다시 훌륭하게 만들기 위해서 해야 할 일이 많다.

383

상류 부인들의 오류－상류 부인들은, 어떤 것에 관해서 사교 단체에서 말하는 것이 가능하지 않다면 그 어떤 것은 전혀 존재하지 않는다고 생각한다.

384

남성의 질병—자기 경멸이라는 남성의 질병에 대해서는 현명한 여성에게서 사랑받는 것이 가장 확실하게 도움이 된다.

385

일종의 질투—어머니들은 자기 아들의 친구들이 특별히 성공하면 쉽사리 아들의 친구들을 질투한다. 보통 어머니는 아들 자체보다 자기 아들 안에 있는 자신을 더 사랑한다.

386

이성적 비이성—삶과 오성이 성숙하면, 인간을 엄습하는 감정은, 그의 아버지가 그를 낳는 잘못을 범했다는 사실 때문에 생긴다.

387

어머니의 호의—많은 어머니들은 행복하고 존경받는 아이들을 필요로 하며 또 많은 어머니들은 불행한 아이들을 필요로 한다. 그렇지 않으면 어머니로서의 호의가 제시될 수 없다.

388

서로 다른 탄식－몇몇 남자들은 자기들 아내들이 눈맞아 달아난 것을 탄식했고, 대부분의 남자들은 아무도 그들의 아내들을 그들에게서 빼앗아서 달아나려고 하지 않는 것에 관해서 탄식했다.

389

연애결혼－연애로부터 맺어지는 결혼(소위 연애결혼)은 오류를 아버지로 가지고 필요(욕망)를 어머니로 가진다.

390

여성의 우정－여자들은 정말 훌륭하게 남자와 우정을 맺을 수 있다. 그러나 이와 같은 우정을 제대로 유지하기 위해서는, 그러기 위해서는 아마도 약간의 생리적 반감이 협조하지 않으면 안 될 것이다.

391

지루함－많은 사람들은, 특히 여자들은 지루함을 느끼지 못한다. 왜냐하면 여자들은 결코 제대로 일하기를 배운 일이 없기 때문이다.

392

사랑의 어떤 요소—모든 종류의 여성의 사랑 안에는 모성애로부터 나오는 어떤 것이 나타난다.

393

장소의 통일과 드라마—만일 부부가 함께 살지 않는다면, 훌륭한 결혼이 더 많을 것이다.

제8장
국가에 대한 조망

438

발언을 요청하기 – 선동적 성격과 대중에게 영향을 미치려고 하는 의도는 현재 모든 정치적 정당들에게 공통적이다. 모든 정당들은 바로 이 의도로 인하여 자기네 원칙들을 큰 벽화의 우둔함으로 변형시켜서 그대로 그것들을 벽에 그려야만 했다. 거기에는 더 이상 아무것도 바꿀 것이 없다. 실로 그것에 대해서 단지 이의를 제기하는 일 역시 쓸모없는 것이다. 왜냐하면 이 분야에서는 볼테르가 다음처럼 말한 것이 타당하기 때문이다. 하층민이 추론하는 것에 관여할 때 모든 것은 상실된다.[7] 지진이 과거 지형의 경계와 윤곽을 밀어 옮기고 소유의 가치를 변화시켰을 때 사람들이 그것을 받아들이는 것과 마찬가지로, 모든 것이 상실된 일이 생긴 후 사람들은 새로운 조건들을 받아들이지 않으면 안 된다. 또 있다. 만일 모든 정치에서 이제

---

7) quand la populace se mêle de raisonner, tout est perdu.

가능한 한 많은 사람들에게 삶을 견딜 만한 것으로 만드는 것이 중요하다면, 이 가능한 많은 사람들이 어떤 것을 견딜 만한 삶으로 이해하고 있는지를 규정하는 것도 역시 중요하다. 만일 그들이 이 목표에 도달하기 위한 올바른 수단을 발견하기 위해서도 지성을 신뢰한다면, 그것을 의심하는 것이 무슨 도움이 되겠는가? 그들은 이제 한번쯤 자기들의 행복과 불행을 스스로 만드는 대장장이가 되고자 한다. 그리고 만일 이러한 자기규정의 감정과 그들의 머리가 감추기도 하고 드러내기도 하는 다섯 개 내지 여섯 개의 개념에 대한 자부심이 그들의 한계의 숙명적 결과들까지도 기꺼이 참을 만큼 실제로 삶을 매우 쾌락하게 만든다면, 반대할 것이 거의 없다. 단지 전제가 있는데, 그것은 그들의 한계가 이러한 의미에서 모든 것이 당연히 정치화되어야 하고, 모든 사람이 그와 같은 척도에 따라서 당연히 생활하고 영향을 미쳐야만 한다고 요구할 정도는 아니라는 것이다. 말하자면 우선 몇몇 사람에게는 정치에서 떨어져서 약간 옆에 비켜서 있는 것이 어느 때보다 훨씬 더 허용되지 않으면 안 된다. 그들을 그렇게 하도록 이끄는 것 또한 자기규정의 욕망이다. 그리고 지나치게 많은 사람들, 아니면 대체로 많은 사람들이 말할 때, 침묵하려고 하는 작은 자부심 역시 그 욕망과 결합되어 있을 수 있다. 그러고 나서 이 소수의 사람들이 많은 사람들의 곧 우리들이 민족들이나 또는 국민 계층들로 이해하는 많은 사람들의 행복을 그다지 중요하게 받아들이지 않고 여기저기에서 비꼬는 얼굴로 잘못을 범할지라도 우리들은 이 소수의 사람들을 관대하게 보아주지 않으면 안 된다. 왜냐하면 그들의 진지함은 어떤 다른 곳에 있고, 그들의 행복은 어떤 다른 개념이며, 그들의 목표는 바로 다섯 손가락만 가진 볼품없는 손으로 움켜쥘 수 있는 것이 아니기 때문이다. 결국 확실히 이것은 그들에게 가장 인정되기 어렵지만 또한 인정되지 않으면 안 된다. 때때로 그들이 자신들의 말 없는 고독을 벗어나서 자기들의 폐의 힘을 다시 한 번 시험하는 순간이 다가온다. 그러고 나서 그들은 마치 숲에서 길 잃은 사람들처럼 서로 인식시키고 용기를 북돋아 주기 위하여 서로를 향해서 부른다. 그때는 물론 그것을 듣게끔 결정되지 않은 귀에는 불쾌하게 울리는 여러 소리들이 시끄러워질 것이다. 그런데 그러고 나서 곧 숲 속은 다시 적막에 싸이고, 너무 조용해서 우리들은 숲 속, 숲 위, 숲 아래에 살고 있는 무수한 곤충들이 앵앵대고 붕붕거리며 날갯짓하는 소리를 뚜렷하게 들을 정도다.

439

문화와 사회계층—보다 더 고차원적인 문화는 사회의 서로 다른 두 계층이 존재하는 곳에서만 성립할 수 있다. 두 계층들은 노동자 계층과 참된 여가를 가진 능력이 있는 여가 계층이다. 아니면 보다 더 강하게 표현해서 강제 노동의 계층과 자유노동의 계층이다. 보다 더 고차적인 문화의 산출이 문제가 될 경우 행복의 분배에 대한 관점은 본질적이지 않다. 그러나 어떻든지 간에 여가계층이 보다 더 고통을 참을 수 있는 계층이고 고통을 당하는 계층이고 현존에 있어서 그들의 쾌적함은 더 적고 그들의 과제는 한층 더 크다. 보다 더 머리가 둔하고 보다 덜 정신적인 가족과 개인들이 상위 계층으로부터 하위 계층으로 내려오고, 다시 한층 더 자유로운 사람들이 하위 계층으로부터 보다 더 높은 계층에 이를 정도로 이제 두 계층의 교환이 충분히 이루어진다면, 어떤 상태가 이미 도달된 것이다. 우리들은 그 상태를 넘어서 막연한 소원들로 이루어진 드넓은 바다만 여전히 바라본다. 지나간 시대의 희미하게 울리는 목소리가 다음처럼 말한다. 그러나 그 목소리를 들을 귀가 어디에 아직 있는가?

440

명문 가문 출신의 — 명문 가문 출신의 남자들과 여자들이 다른 사람들보다 먼저 소유한 것, 그리고 그들에게 의심할 여지없이 보다 더 높은 평가의 권리를 주는 것은 유전을 통해서 점점 더 상승된 두 가지 기술이다. 그것들은 명령할 수 있는 기술과 자랑스러운 복종의 기술이다. 그런데 명령이 일상적인 일에 속하는 모든 곳에서(마치 커다란 상업계와 산업계에서처럼)는 '명문 가문 출신'의 저 혈통과 비슷한 어떤 것이 생긴다. 그러나 그들에게는 복종에서의 고귀한 태도가 결여되어 있다. 이 고귀한 태도는 그들에게 있어서 봉건적 상태들의 유산이고 우리들의 문화 풍토에서는 더 이상 자라지 않을 것이다.

제9장
홀로 있는 인간

483

진리의 적들—확신들은 거짓말보다 더 위험한 진리의 적들이다.

484

전도된 세계—만일 어떤 사상가가 우리들에게 불쾌한 명제를 제시한다면 우리들은 그를 한층 더 날카롭게 비판한다. 그렇지만 그의 명제가 우리들에게 유쾌할 때 그를 비판하는 것이 한층 더 이성적일 것이다.

485

성격이 강한—어떤 인간은 항상 자신의 원칙들을 따르기 때문이라기보다 언제나 자신의 기질을 따르기 때문에 매우 자주 성격이 강한 것처럼 보인다.

486

필요한 하나—우리들은 한 가지를 가지지 않으면 안 된다. 그것은 타고난 가벼운 감각이거나 아니면 예술과 지식에 의해서 가벼워진 감각이다.

487

사태에 대한 정열—자신의 정열을 사태들(학문, 국가의 복지, 문화 이해관계, 예술)에 쏟는 사람은 인간들에 대한 자신의 정열에서는 수많은 불을 빼앗는다(정치가, 철학자, 예술가가 자기들의 창작물의 대표자인 것처럼 인간들이 그와 같은 사태들의 대표자인 경우에도).

488

행동에서의 평온—폭포가 떨어지면서 한층 더 느려지고 경쾌해지는 것처럼 위대한 인간은 그의 열렬한 욕구가 행동에 앞서서 기대하게끔 하는 것보다 훨씬 더 평온하게 행동하려고 노력한다.

489

너무 집착하지 말자—어떤 사태에 지나치게 집착하는 인간들은 그 사태에 언제나 충실한 일이 드물다. 그들은 단지 그 사태의 깊이를 드러냈다. 거기에는 항상 우리가 보아야 할 좋지 않은 것들이 많이 존재한다.

490

관념론자들의 망상－모든 관념론자들은 자기들이 봉사하는 사태들이 세상의 다른 사태들보다 본질적으로 더 좋으리라고 상상한다. 그리고 그들은 자기들의 사태들이 어떻든 당연히 성공하기 위해서는, 모든 다른 인간의 일들이 필요로 하는 똑같이 악취 풍기는 거름을 필요로 한다는 사실을 믿으려고 하지 않는다.

491

자기관찰－인간은 자기 자신에 대해서, 그리고 자기 자신에 의한 탐색과 포위에 대해서 스스로를 매우 잘 보호한다. 그리고 통상적으로 인간은 외부의 보루만 지각할 뿐이고 자신에 관해서는 더 이상 지각하지 못한다. 친구들과 적들이 배신자가 되어 그 자신을 비밀스러운 길로 이끌어가지 않는 한, 그에게 본래의 성채는 다가갈 수도 없고 볼 수도 없다.

492

올바른 직업－남자들은, 어떤 직업이 다른 모든 직업들보다 근본적으로 중요하다고 믿지 않거나 아니면 중요하다고 믿게끔 자신을 설득하지 못하는 직업을 유지하는 경우가 드물다. 여자들은 자기들의 연인들을 위에서 말한 것과 마찬가지로 대한다.

493

고귀한 마음씨－고귀한 마음씨는 대부분 선한 성품과 불신의 결여로 성립한다. 따라서 고귀한 마음씨는 탐욕적이며 성공한 인간들이 아주 기꺼이 우월감과 조소를 가지고 즐기는 바로 그것을 포함한다.

494

목표와 길－많은 사람들은 일단 택한 길에 관해서는 집요하고, 목표에 관해서 집요한 사람들은 거의 없다.

495

개인적 삶의 방식에서 불쾌한 것－매우 개인적인 삶의 모든 수단들은 인간들로 하여금 그러한 삶의 수단들을 따르는 사람에 대해서 분개하게끔 한다. 그들은, 삶의 수단들을 따르는 사람이 부여하는 특별한 취급을 통해서 통상적 존재로 추락했다고 느낀다.

496

위대한 사람의 특권—별 볼일 없는 선물을 가지고 크게 행복하게 할 수 있는 것은 위대한 사람의 특권이다.

497

고의가 아니게 고결하다—사람들로부터 아무것도 바라지 않고 그들에게 항상 주는 것에 익숙한 사람은 고의가 아니게 고결하게 행동한다.

498

영웅들의 조건—만일 어떤 사람이 영웅이 되려고 한다면 먼저 뱀이 용으로 되어 있지 않으면 안 된다. 그렇지 않으면 그에게는 그의 올바른 적이 결여되어 있다.

499

친구—연민이 아니라 기쁨을 함께 하는 것이 친구를 만든다.

500

썰물과 밀물을 이용한다 — 우리는, 인식의 목적을 위해서 우리들을 어떤 사태로 이끌어가고, 잠시 후 그 사태로부터 우리들을 다시 앞으로 이끄는 저 내면의 흐름을 이용할 줄 알지 않으면 안 된다.

501

기쁨 자체 — "사태에 대한 기쁨"이라고 사람들은 말한다. 그러나 그것은 사실 사태에 의한 기쁨 자체다.

502

겸손한 자 — 인간들에 대해서 겸손한 사람은 사태들(도시, 국가, 사회, 시대, 인류)에 대하여 한층 더 심하게 자신의 불손함을 나타낸다. 그것이 그의 복수다.

503

질투와 시기 — 질투와 시기는 인간 영혼의 부끄러운 부분들이다. 아마도 이 대조는 앞으로도 계속 진행할 수 있을 것이다.

504

가장 고귀한 위선자—전혀 자신에 관해서 이야기하지 않는 것은 매우 고귀한 위선이다.

505

불쾌감—불쾌감은 나중에 불쾌감의 원인이 이미 제거되었다고 해서 결코 치유되지 않는 신체적 질병이다.

506

진리의 대변자—진리를 말하는 것이 위험할 때가 아니라 진리를 말하는 것이 지루할 때 진리는 대변자를 찾기가 가장 힘들다.

친구들 가운데서.
결말

1

아름다운 것은 서로 침묵하는 것,
더 아름다운 것은 서로 웃는 것,
비단결 같은 하늘 아래
이끼와 너도밤나무에 몸을 기대고
기분 좋게 소리 내어 친구들과 웃으며
하얀 이를 드러낸다.

내가 잘하면 우리는 침묵하자.
내가 잘못하면 우리는 웃자
그리고 점점 더 나쁘게 만들고,
더 나쁘게 만들고, 더 나쁘게 웃자.
우리들이 무덤으로 들어갈 때까지.

친구들아! 그렇다! 그렇게 되어야만 하지 않겠는가?
아멘! 그리고 안녕!

2

아무런 변명도 하지 말라! 아무런 용서도 하지 말라!
그대들 기쁘고 마음이 자유로운 자들이여 베풀어라.
이 어리석은 책에
귀와 마음과 피난처를!
친구들이여, 나의 어리석음이 저주가 되지 않도록 나
를
믿어다오!

내가 발견하는 것, 내가 찾는 것
그것은 늘 책 안에 있었던가?
내 안에 있는 천치들의 무리를 존경하라!
이 천치의 책으로부터 배우라.
어떻게 이성이 오고 어떻게 "이성으로 돌아가는지를!"

그렇다면, 친구들아, 그렇게 되어야만 하지 않겠는가?
아멘! 그리고 안녕!

제2권

머리말

1

우리들은 오직 침묵해서는 안 될 때만 당연히 이야기해야 할 것이다. 그리고 오직 우리들이 극복한 것에 관해서만 이야기해야 할 것이다. 다른 모든 것은 잡담이고 '문학'이며 제대로 된 훈육(Zucht)의 결여다. 내 저서들은 오직 나의 극복들에 관해서만 이야기한다. 그 안에는 나에게 적이었던 모든 것과 함께 나와 가장 똑같은 나, 실로 보다 더 자랑스러운 표현이 허락된다면 나 자체인 '나'가 존재한다. 사람들은 다음처럼 추측한다. 나는 이미 많은 것을 내 아래 가지고 있다… 그러나 나중에 인식하기 위해서 어떤 체험한 것과 살아남은 것, 어떤 고유한 사실이나 운명의 껍질을 벗기고, 채굴하고 드러내고, '묘사하려는' 욕망이 내게 일어날 때까지 나는 무엇보다도 언제나 시간, 회복, 거리, 간격이 필요했다. 그러한 한에 있어서, 물론 하나 중요한 예외가 있기는 해도, 내 모든 저서들은 날짜를 거슬러 올라가야 한다. 내 저서들은 항상 '나의 배후'에 관하여 말한다. 처음의 세 가지 《비시대적 고찰들》과 같은 몇몇 저서들은 먼저 출간된 책의 생성 시기와 체험 시기보다 더 거슬러 올라간다(보다 더 세심한 관찰자와 비교자에게는 은폐될 수 없는 것처럼. 이 경우 먼저 출간된 저서는 《비극의 탄생》이다). 첫 번째 《비시대적 고찰들》의 내용인 독일 숭배, 안이함, 늙은 다비드 슈트라우스의 언어의 타락에 대한 분노의 폭발은, 내가 이미 오래전 독일의 교양과 교양 속물근성 한가운데에 앉아 있었던 학생 시절에 가졌던 감정을 터뜨려 버렸다(나는 지금 많이 사용되고 있으며 또 잘못 사용되고 있는 '교양 속물근성'이라는 말의 시조가 나임을 주장한다). 그리고 내가 '역사적 질병'에 반대해서 말했던 것은, 질병으로부터 천천히, 그리고 힘들게 회복하는 것을 배운 한 사람으로서, 그리고 한때 이 질병으로 고통을 받았기 때문에 장차 '역사'를 포기하려는 의지가 전혀 없는 한 사람으로서 말했던 것이다. 그러고 나서 세 번째 《비시대적 고찰》에서 나의 최초의 유일한 교육자인 위대한 쇼펜하우어에 대한 나의 외경심을 표현했을 때—지금은 그러한 외경심을 훨씬 더 강하게, 그리고 보다 더 개인적으로 표현한 것이다—이미 나 자신은 도덕주의적 회의와 해체 한가운데 있었다. 다시 말해서 바로 지금까지의 모든 염세주의의 심화로서의 비판의 한가운데 있었다. 사람들이 말하는 것처럼 나는 이미 '더 이상 아무것도' 믿지 않으며 쇼펜하우어도[8] 믿지 않았다. 비밀로 했던 논문 <도덕 외적 의미에 있어서의 진리와 허위에 관하여>는 바로 그 시기에 쓰인 것이다. 1876년 바그너의 바이로이트(Bayreuth) 축제 때에—'바이로이트'는 일찍이 한 예술가가 성취한 최고의 승리를 뜻한다—리하르트 바그너에게 존경을 표현한 나의 경축사, 곧 '현실성'이라는 가장 강한 외관을 지니고 있는 이 저서도 배후에 있어서는 내 항해의 가장 아름답고 또한 가장 위험한 바다의 정적에 대한, 내 과거의 한 부분에 대한 경의와 감사였다… 그리고 실제로 이 저서는 분리였고 이별이었다[아마도 리하르트 바그너는 이것에 관해서도 착각하고 있었을까? 나는 그렇게 믿지 않는다. 사람들이 여전히 사랑하고 있는 한, 확실히 사람들은 결코 그러한 상(像)들을 그리지 않는다. 사람들은 아직 '관찰하지' 않는다. 사람들은, 관찰하는 자가 행하지 않으면 안 되는 것과 마찬가지로 먼 거리에 자리 잡지 않는다. 앞에서 일컬은 저서 자체의 46쪽에는 "관찰에는 이미 비밀에 찬 적대 관계, 곧 서로 마주 보는 적대 관계가 속한다"라는 말이 있

---

8) 1865년 라이프치히 대학 시절에 니체는 쇼펜하우어의《의지와 표상으로서의 세계》를 꼬박 14일간 읽으면서 큰 감동에 휩싸인 일이 있었다.

다. 이 말의 배신적이며 우울한 어조는 아마도 극소수의 저들만을 위한 것이었을 것이다]. 가장 내면적인 고독과 곤궁의 오랜 과도기에 관해서 말할 수 있는 여유는 이 두 번째 추천의 말과 머리말을 당연히 바치는 책 《인간적인 것, 너무나 인간적인 것》과 함께 비로소 시작되었다. "자유정신을 위한" 이 책에는 거의 명랑하며 호기심에 찬 심리학자의 냉담함에 관한 어떤 것이 있는데, 이 냉담함은 심리학자가 자기 아래 가지고 있으며 자기 배후에 가지고 있는 다수의 고통스러운 것들을 나중에야 자신이 확인하고, 말하자면 어떤 바늘 끝은 가지고 확실하게 찔러보는 것이다. 그때 심리학자가 언제나 오직 손가락에서만 피를 흘리지는 않지만, 손가락에서 피를 흘린다면, 그토록 예리하고 위험한 작업에서 때때로 얼마간 피를 흘린다면 그것은 놀랄 일인가?

2

《혼합된 의견과 잠언들》은 바로 《방랑자와 그의 그림자》처럼 처음에는 바로 앞에서 말한 《인간적인 것, 너무나 인간적인 것》 "자유정신을 위한 책"의 속편이며 부록으로서 각각 따로 출간되었다. 동시에 그것은 정신 치료의, 곧 낭만주의의 가장 위험한 형식 자체에 의한 일시적인 질병에 저항하여 내 건강한 본능이 발명하고 처방한 자기치료의 연속이자 강화였다. 이제 6년에 걸친 회복기를 지난 후 동일한 저술들이 《인간적인 것, 너무나 인간적인 것》의 제2권으로 합치게 된 것을 양해하여 주기 바란다. 아마도 그 저술들은, 함께 고찰될 때, 자신의 가르침을 보다 더 강하고 명백하게 가르칠 것이다. 그 가르침은 바로 다음 세대의 보다 더 정신적인 본성들을 가진 사람들에게 의지의 교육(disciplina voluntatis)을 위하여 추천될 수 있을 건강의 가르침이다. 그 저술들에서는 충분히 자주 껍질을 벗었지만 언제나 다시 껍질 안으로 들어간 염세주의자, 말하자면 염세주의에 호의를 가진 염세주의자가 말한다. 따라서 그는 어떻든 결코 더 이상 낭만주의자가 아니다. 어떻게? 껍질을 바꾸는 이러한 뱀의 영리함을 이해하는 정신이 여전히 낭만주의의 위험에 모두가 빠져 있는 오늘날의 염세주의자들에게 교훈을 주어도 되지 않을까? 그리고 그들에게 적어도, 사람들이 그것을 어떻게 하는지 제시해도 되지 않을까?

3

사실 그때가 이별하기에는 최선의 시간이었다. 그리고 곧장 나는 이별에 대한 증명을 얻었다. 겉보기에 최고의 승리자였던, 실제로는 부패하고 절망적인 낭만주의자인 리하르트 바그너는 갑자기 의지할 곳 없이 무너져서 기독교의 십자가 앞에 무릎을 꿇었다… 도대체 당시 이 무서운 광경을 머릿속에 볼 수 있는 눈을 가졌던, 그리고 그 광경을 느낄 수 있는 동정심을 양심 안에 가졌던 독일인은 아무도 없었던가? 내가 그 광경으로 고통 받은 유일한 자였는가? 충분하다. 이 예기치 못한 사건은 마치 번갯불처럼 내가 떠난 장소를 나 자신에게 밝게 비추었다. 그리고 무의식적으로 어떤 소름끼치는 위험을 달려온 사람은 누구나 느끼는 것처럼 나중에 그 경악을 느끼게 했다. 홀로 계속 걸어갔을 때 나는 전율했다. 얼마 지나지 않아 나는 병에 걸렸고, 병에 걸린 것보다 더 심했다. 말하자면 나는 우리들 근대인들에게 열광으로 남아 있는 모든 것, 도처에서 낭비된 힘, 노동, 희망, 젊음, 사랑에 대한 끊임없는 실망으로 지쳐버렸다. 나는 이 낭만주의의 여성적인 것과 광신적인 방자한 것에 대한 구토로 지쳤고, 여기서 다시 한번 가장 용감한 자들 중의 한 사람을 이긴 승리를 이끈 전체적 이상주의적 허위와 양심의 약화에 대한 구토로 지쳐버렸다. 마지막으로, 나는 이와 같은 실망 이후 일찍이 어느 때보다 더 깊이 의심하고, 더 깊이 경멸하며, 더 깊이 홀로 있게끔 운명 지어졌다는 무정한 의심으로 인한 번민으로 지쳐버렸다. 나의 사명은 어디로 간 것일까? 어떻게 된 것인가? 지금은 나의 사명이 나로부터 떨어져서, 나는 오랜 시간 그것에 대해서 더 이상 아무런 권리를 가지지 않은 것처럼 보이지 않는가? 이 최대의 곤궁을 견뎌내기 위해서는 무엇을 할 것인가? 나는 모든 낭만주의 음악을, 곧 정신의 엄밀함과 즐거움을 빼앗고 모든 종류의 불명료한 동경과 들뜬 욕망을 우거지게 하는 이 애매하고 허풍떨며 답답한 예술을 철저하게, 그리고 원칙적으로 금지하는 일부터 시작했다. "음악을 조심하는 것(cave musicam)"은 오늘날에도 역시 정신의 일들에서 순수함을 지키기 위해서 충분히 남성다운 모든 사람들에게 하는 나의 충고다. 그와 같은 음악은 신경을 쇠약하게 하고, 이완시키며, 여성적으로 만들고, 그 음악의 "영원히 여성적인 것"은 우리들을 끌어내린다! 당시 나의 최초의 의심은, 나의 가장 가까운 경계심은 낭만주의 음악에 반대했다. 그리고 만일 내가 도대체 아직도 음악에 관하여 어떤 것을 바란다면, 그것은 그러한 음악에 불멸하는 방식으로 복수하기 위하여 대담하고 섬세하며 악의에 차 있고, 남부적이며 충분히 지나칠 정도로 건강한 어떤 음악가가 나타나는 것이다.

4

원한 감정이 없는 것은 아니지만, 나는 이제 고독하게, 그리고 나 자신을 몹시 불신하면서 자신에 대한 적의 편이 되었으며 바로 나를 괴롭게 하고 심하게 대했던 모든 것들의 편이 되었다. 그처럼 나는 모든 낭만주의적 허위의 반대인 저 용감한 염세주의로 가는 길을 다시 발견했다. 그리고 또한 오늘날 나에게 그렇게 여겨진 것처럼 '나' 자신으로 가는 길을, 나의 사명으로 가는 길을 발견했다. 결국 그것이 우리의 사명으로 증명되기까지는, 우리들이 오랫동안 그것에 대해서 아무런 이름도 가기지 않은, 저 숨어서 지배하는 어떤 것은, 우리들 안의 이 폭군은, 우리들이 그를 피하거나 도망치려고 시도하는 매순간 끔찍하게 보복한다. 이 폭군은 시간에 앞선 결정에 대하여, 우리들이 거기에 속하지 않은 그런 사람들과의 동일화에 대해서, 여전히 매우 존경할 만한 행위가 우리들의 중요 사태로부터 우리를 이탈시킬 경우 그러한 행위에 대해서, 실로 가장 고유한 책임감의 단호함에 대항하여 우리를 보호하고자 하는 모든 덕 자체에 대해서 끔찍하게 보복한다. 우리가 우리들의 사명에 대한 우리의 권리를 의심하려고 할 때마다, 우리들이 어떤 곳에선가 우리 자신을 보다 더 편하게 만들기를 시작할 때마다 대답은 질병이다. 기이하며 동시에 두렵지 않은가! 우리들이 가장 힘들게 보상하지 않으면 안 되는 것이 우리들의 편안함인가! 그리고 만일 우리들이 나중에 건강한 상태로 되돌아가려고 한다면, 우리에게는 아무런 선택도 남아 있지 않다. 우리들은 일찍이 이전에 무거운 짐을 짊어졌던 것보다 더 무거운 짐을 짊어지지 않으면 안 된다….

5

당시 나는 처음으로 오직 가장 과묵한 자, 가장 고통 받는 자만 이해하는 저 은둔자와 같은 말투를 배웠다. 침묵으로 고통 받지 않기 위해서 나는 증인 없이, 아니면 오히려 증인에 대해서는 상관없이 말했다. 나는 나 자신과 아무런 관계도 없는 것들에 관해서만, 마치 그것들이 나 자신과 어떤 관계가 있는 것처럼 말했다. 당시 나는, 나 자신을 쾌활하게, 객관적으로, 호기심 많게, 무엇보다 우선 건강하게, 그리고 심술궂게 표현하는 기술을 배웠다. 그리고 이것은 마치 내게 보이려고 하는 것처럼 환자에게도 '훌륭한 기호(guter Geschmack)'인가? 그럼에도 불구하고 보다 더 세심한 눈과 동정심을 가진 사람은 아마도 이 저술들의 매력을 만들어내는 것을, 곧 여기에서 고뇌하며 곤궁에 처한 자가 마치 고뇌하는 자이자 곤궁에 처한 자가 아닌 것처럼 말하는 사실을 놓치지 않을 것이다. 여기에는 삶에 대한 균형, 여유로움, 더욱이 감사하는 마음도 제대로 당연히 유지되어야만 한다. 여기에는 고통에 대항하여 삶을 방어하고 고통, 실망, 혐오, 고독과 다른 소택지에서 독버섯처럼 번식하는 경향이 있는 모든 결과들을 말살하는 사명을 제기했던, 엄격하고 자랑스러우며 끊임없이 깨어 있고, 끊임없이 민감한 의지가 지배한다. 아마도 이것은 바로 우리들 염세주의자들에게 자기 자신을 점검하도록 지시하는 것이 아닐까? 왜냐하면 당시 나는 "고통 받는 자는 아직 염세주의에 대하여 아무런 권리도 없다"는 명제를 터득했기 때문이다. 당시 나는 개별적인 개인적 경험들을 보편 판단으로, 실로 세계 판단으로 구성하고 해석하려는 모든 낭만주의적 염세주의의 비과학적 근본 경향에 대항하여 길고 끈기 있는 출정에 나서고 있었다… 간단히 말하자면, 당시 나는 나의 안목을 전환시켰다. 너희들은 그것이 언젠가 다시 한 번 염세주의자가 되기 위한, 부흥을 목적으로 삼는 낙관주의라는 것을 이해하는가? 마치 의사가 자신의 환자에게 그의 전체적인 '지금까지', 그의 걱정, 친구, 편지, 의무, 어리석음, 기억의 고통을 제거해 주기 위해서, 그리고 새로운 영양, 새로운 태양, 새로운 미래를 향하여 손과 감각을 뻗치기를 배우도록 하기 위해서 그를 완전히 낯선 환경에 있게 하는 것처럼 한 인간 안에 있는 의사와 환자로서 나는 지금까지 시도된 일이 없는 전도된 영혼의 풍토(Klima der Seele)로, 곧 낯선 곳과 낯선 것으로 물러서는 방랑을 향하여 가도록 모든 종류의 낯선 것에 대한 호기심을 향하여 가도록 나 자신에게 강요했다… 이로부터 오랜 방황과 탐구와 변화가 생겼으며, 모든 고정된 것과 모든 우둔한 긍정과 부정에 대한 혐오도 생겼다. 마찬가지로 멀리 달리고, 높이 날며 무엇보다 먼저, 언제나, 다시, 계속해서 날기를 정신에게 가능한 한 쉽게 해주려고 했던 식이요법과 훈련도 생겼다. 실제로 최소한의 삶, 모든 조야한 욕망의 사슬로부터의 해방 모든 종류의 외적인 불리함 가운데서의 독립, 이러한 불리함 가운데서도 살 수 있다는 긍지. 아마도 얼마간의 냉소, 얼마간의 '술', 그러나 확실히 마찬가지로 많은 우울한 행복, 우울한 명랑함, 많은 적막, 빛, 세심한 어리석음, 은폐된 열광, 이 모든 것은 마침내 커다란 정신적 강화가 되었으며 점점 커지는 건강의 기쁨과 충만함이 되었다. 우리의 강인한 삶에의 의지에 대하여 당시 내가 권태로운 삶의 염세주의에 대항해서 투쟁했던 것과 같은 긴 투쟁에 대해서, 이미 삶의 가장 작고 가장 연약하며 가장 덧없는 선물도 놓치지 않는 우리들의 감사함의 모든 주의 깊은 시선에 대해서 삶

자체는 우리에게 보답한다. 그리고 결국 우리는 그것에 대하여 아마도 삶이 우리에게 줄 수 있는 최대의 것인 삶의 커다란 선물을 받는다. 우리들은 우리의 사명을 되찾는다.

6

나의 체험—이 체험은 회복이 끝났기 때문에 하나의 질병과 회복의 역사인데—은 오직 나의 개인적인 체험이었을까? 그리고 바로 오직 나의 "인간적인 것, 너무나 인간적인 것(Menschliches, Allzumenschliches)"일 뿐인가? 나는 오늘 정반대를 믿고 싶다. 나의 방랑의 책이 때때로 겉모습을 가졌던 것과 마찬가지로 내 방랑의 책들은 그래도 오직 나만을 위해서 쓰인 것이 아니라는 믿음이 계속 든다. 이제 점점 증가하는 확신의 6년이 지난 후 나는 이 책들을 새롭게 시험 삼아 여행을 떠나게 해도 될까? 특히 어떤 '과거'에 붙잡혀서 자기들의 과거의 정신을, 여전히 고뇌할 수 있는 정신을 충분히 가지고 있는 그러한 사람들의 마음과 귀에 내가 이 책들을 주어도 될까? 그러나 무엇보다 우선 가장 힘들어하는 너희들에게, 너희들 가장 드문 자들, 가장 위험에 처한 자들, 가장 정신적인 자들, 가장 용감한 자들에게, 현대의 영혼의 양심이지 않으면 안 될,

그리고 그러한 영혼으로서 너희들의 지식을 가지지 않으면 안 될 너희들에게, 오직 오늘날 질병, 독, 위험으로부터 주어질 수 있는 것이 함께 모이는 너희들에게 이 책은 주어도 되지 않을까? 너희들의 운명은 너희들이 어떤 개인보다 분명히 더 아프기를 원한다. 왜냐하면 너희들은 '오직 개인'만은 아니기 때문이다… 너희들의 위안은 새로운 건강으로 가는 길을 아는 것이다. 아! 너희들의 위안은 내일과 모레의 건강의 길로 가는 것이다. 너희들 미리 결정된 자, 너희들 승리에 찬 자, 너희들 시간의 극복자, 너희들 가장 건강한 자, 너희들 가장 강한 자, 너희들 훌륭한 유럽인이여!

7

나는 마지막으로 낭만주의적 염세주의에 대하여, 즉 곤궁한 자, 실패한 자, 극복당한 자의 염세주의에 대하여 징식으로 빈박힌디. 비극적인 것에의, 그리고 염세주이에의 의지가 존재하며, 이 의지는 또한 강한 지성(기호, 감정, 양심)의 엄밀함의 징후이기도 하다. 이 의지를 가슴에 가지고 있는 사람들은 모든 것에 고유하게 있는 무서운 것과 의심스러운 것을 두려워하지 않고 그것들 자체를 추구한다. 그와 같은 의지의 배후에 용기와 긍지, 그리고 커다란 적에 대한 요구가 숨어 있다. 처음부터 이것이 나의 염세주의적 관점이었다. 내가 생각하는 것처럼 이것은 하나의 새로운 관점이었을까? 오늘날도 여전히 새롭게 낯선 그와 같은 관점일까? 이 순간까지 나는 이 관점을 굳게 지키고 있다. 그리고 사람들이 나를 긍정하고 또한 때로는 적어도 나를 부정하면서 나를 믿으려고 한다면… 너희들은 이것이 우선 증명되었기를 바라는가? 그러나 이 긴 머리말과 함께 증명된 것은 그것 말고 다른 무엇인가?

오버엥가딘(Overengadin)의
실스마리아(Sils-Maria)에서
1886년 9월에

제1장
혼합된 의견들과 잠언들

1

철학에 실망한 사람들에게—만일 너희들이 지금까지 삶의 최고의 가치를 믿어왔으나 이제는 실망한 너희들 자신을 본다면, 도대체 너희들은 지금 즉시 그것을 가장 헐값에 팔아버리지 않으면 안 되는가?

2

나쁜 습관에 젖다—사람들은 개념의 명료성에 관해서도 나쁜 습관에 젖을 수 있다. 반만 분명한 자, 불분명한 자, 노력하는 자, 예감하는 자와의 교제는 얼마나 구역질나게 되는가! 영원한 날갯짓과 술래잡기에도 불구하고 날 수도 없고 붙잡을 수도 없는 것이 그들에게는 얼마나 가소롭고 유쾌하지 못하게 작용하는가!

3

현실의 구애자들—마침내 얼마나 많이, 그리고 얼마나

오랫동안 자신이 바보 취급을 당했는지 깨닫는 사람은 반항심 자체로 인하여 가장 추악한 현실마저 껴안는다. 따라서 세상의 과정을 전체적으로 볼 경우, 가장 선한 구애자들이 모든 시대에 이와 같은 현실에 빠졌다. 왜냐하면 가장 선한 사람들은 언제나 가장 쉽게, 그리고 가장 오랫동안 기만당해 왔기 때문이다.

4

자유사상의 진보－다음의 명제를 상기한다면 우리들은 과거와 현재의 자유사상의 차이를 분명하게 할 수 있다. 그 명제를 인식하고 언명하기 위해서 이전의 세기에는 전체적인 대담함이 필요했지만 현재의 견해에서 헤아리자면 그것은 본의 아닌 소박함으로 전락한다. 나는 다음과 같은 볼테르의 명제를 뜻한다. “나를 믿어다오. 내 친구여. 오류도 자신의 장점을 가지고 있다는 것을(croyes-moi mon ami, l'erreur aussi a son mérite).”

5

철학자들의 원죄－모든 시대에 걸쳐서 철학자들은 인간을 탐구하는 사람들(도덕주의자들)의 명제들을 채용하고 무조건 받아들임으로써 이 명제들을 썩게 만들었다.

그리고 철학자들은 도덕주의자들에 의하여 단지 개연적인 암시로만 생각되었거나 아니면 한 고장이나 도시의 10년의 진리로 생각되었던 것을 필연적인 것으로 증명하려고 하여 그것을 썩게 만들었다. 그런가 하면 철학자들은 그렇게 함으로써 도덕주의자들을 능가한다고 생각했다. 따라서 사람들은 도덕주의자들이 제기한 대중적 지혜를 쇼펜하우어의 지성에 앞서는 의지의 우위, 성격의 불변성, 쾌감의 부정에 관한 유명한 이론들—쇼펜하우어가 이해한 것처럼 이 모든 것들은 오류다—의 기초로서 발견할 것이다. 이미 쇼펜하우어가 여러 인간적 상태들의 공통적 명칭으로 개조하여 언어의 빈틈에 집어넣었던 '의지(Wille)'라는 말은, 그가 도덕주의자였던 한에 있어서 그 자신에게 커다란 장점이 되었다. 왜냐하면 파스칼이 의지에 관하여 말했던 것처럼 이제 쇼펜하우어는 '의지'에 관해서 자유롭게 말할 수 있기 때문이다. 이미 쇼펜하우어의 '의지'는 그 창조자의 손 아래에서, 보편화하는 철학자들의 분노에 의해서 학문에 화근을 가져왔다. 왜냐하면 만일 자연에 있는 모든 사물들이 의지를 가지고 있는 것 같다고 주장한다면, 이 의지는 시적 은유가 되기 때문이다. 결국 의지는 모든 신비적 횡포에 이용되기 위한 목적으로 그릇되게 구체화되어 잘못 사용되었다. 그리고 모든 유행 철학자들은 모든 사물들은 하나의 의지를 가지고 있을 것이고 하나의 의지일 것이라는 사실을 흉내 내어 말하며 그러한 사실을 정말 아는 것으로 보인다(사람들이 이 모든 것, 하나의 의지에 관해서 수행하는 묘사에 따르면, 이 의지는 우리들이 전적으로 어리석은 악마를 신으로 가지고자 하는 것과 같은 것을 뜻할 뿐이다).

6

공상가들에 반대하여 – 공상가는 자신 앞에 있는 진리를 부인하고, 거짓말쟁이는 단지 타인들 앞에 있는 진리만을 부인한다.

7

빛, 적개심 – 엄밀하게 이해해서 결코 진리에 관해서가 아니라 언제나 단지 개연성과 그것의 정도에 관해서만 말할 수 있다고 우리가 누군가에게 밝혀보자. 그러면 일상적으로 그렇게 가르친 사람들의 노골적인 기쁨에서, 정신적 지평의 불확실성이 얼마나 많이 인간들에게 즐거운지, 그리고 진리의 결정성 때문에 인간들은 그들의 영혼의 심연에서 진리를 얼마나 싫어하는지를 우리들은 발견한다. 문제는 언젠가 진리의 빛이 너무 밝게 자신들을 비출 것을 남몰래 두려워한다는 사실에 있지 않을까? 아니면 그것은 오로지 그들의 희미해지며 쉽게 눈부시게 되는 박쥐 같은 영혼이 익숙해지지 않아서 싫어하지 않으면 안 되는 너무 밝은 빛 앞에서의 공포에 지나지 않는가?

8

기독교도의 회의—진리는 무엇인가! 라는 질문과 함께 빌라도(Pontius Pilate)[9]는 오늘날 그리스도의 변호인으로서 즐겨 소개된다. 그 질문은 모든 인식된 것과 인식 가능한 것을 가상(假像)으로 의심하기 위한, 그리고 아무것도 알 수 없음의 끔찍한 배경에 십자가를 세우기 위한 것이었다.

9

'자연법칙', 미신의 단어—만일 너희들이 자연에서의 합법칙성에 관하여 매우 감격하여 말한다면, 너희들은 한편으로 자연의 모든 사물들은 분명히 자유로운, 자기 자신을 지배하는 복종으로부터 자기들의 법칙을 따른다고 생각한다. 이 경우 너희들은 자연의 도덕성을 경탄하거나

9) 빌라도는 예수 당시 유대 주재 로마 제5대 총독의 이름이다.

아니면 살아 있는 존재들로 장식된 가장 정교한 시계를 만든 창조적인 기계공의 표상이 너희들을 감격시킨다. 자연에서의 필연성은 '합법칙성'의 표현에 의해서 보다 더 인간적으로 되며 신화적 몽상의 최후의 은신처가 된다.

10

역사에 빠지다—베일을 쓴 철학자들과 세계를 어둡게 만드는 자들, 말하자면 보다 더 섬세한 씨앗과 보다 더 거친 씨앗을 가진 모든 형이상학자들은, 철학 전체가 지금부터 역사에 빠져 있다는 명제와 함께 그 명제가 정당한지를 의심하기 시작할 그때 눈의 통증, 귀의 통증, 이의 통증을 느낀다. 그들의 고통 때문에 그들은 그와 같은 명제를 말한 사람에게 돌과 오물을 던져도 용서받을 수 있다. 그러나 학설 자체는 그러한 사실에 의해서 한동안 더럽게 되고 볼품없게 되어 효력을 상실할 수 있다.

39

왜 우둔한 자들은 그토록 자주 악의에 차게 되는가—상대방의 반론에 대항하기에 우리의 두뇌가 너무 허약하다고 느끼는 그러한 반론에 대하여, 우리의 마음은 상대방이 반론을 제기하는 동기를 의심함으로써 답한다.

40

도덕적 예외의 예술－도덕의 예외적 경우들을－선이 악으로, 부당한 것이 정당한 것으로 되는 곳－제시하고 찬미하는 예술에 우리는 쉽사리 귀 기울여서는 안 된다. 그렇지만 그것은 마치 우리들이 집시에게서 때때로 어떤 것을 사면서, 살 때의 이익보다 훨씬 많은 것을 빼앗기는 것은 아닌가 꺼리면서 사는 것과도 같다.

41

독의 향유와 비향유－모든 시대에 있어서 사람들이 독을 마시기를 꺼렸던 유일한 결정적 논거는, 독약이 사람들을 죽인다는 것이 아니라 독약이 맛이 없었다는 것이다.

42

죄책감 없는 세계－만일 아무런 양심의 가책도 생기게 하지 않는 그러한 행위들만 행한다면, 인간의 세계는 여전히 언제나 충분히 나쁘고 파렴치하게 보일 것이다. 그러나 지금처럼 그렇게 병들고 비참하게 보이지는 않을 것이다. 어떤 시대에나 양심 없는 악인들은 많이 살았다. 그리고 많은 선한 사람들과 용감한 사람들에게는 선한 양심의 쾌감이 결여되어 있다.

43

양심적인 사람들—자신의 양심에 따르는 것은 자신의 오성에 따르는 것보다 더 편안하다. 왜냐하면 양심은 어떤 실재에 있어서도 용서와 기분 전환을 자기 안에 가지고 있기 때문이다. 그러므로 오성적인 사람은 매우 적은데 반하여 언제나 매우 많은 양심적인 사람들이 존재한다.

44

괴롭게 되는 것을 방지하는 정반대의 수단—어떤 기질을 가진 사람에게는 자신의 불만을 말로 뱉어버릴 수 있는 것이 유익하다. 말하면서 기분이 좋아진다. 또 다른 기질을 가진 사람은 비로소 발언을 통해서 자신의 완전한 괴로움에 이른다. 어떤 것을 삼켜버리지 않으면 안 되는 것은 그에게 유리하다. 그러한 종류의 사람들에게는 적이나 또는 상사 앞에서의 자제가 그들의 성격을 개선하며 또한 그가 지나치게 예리하고 불쾌해지는 것을 방지한다.

45

너무 힘들게 여기지 않는다—욕창이 생길 정도로 누워

있는 것은 불쾌하지만, 그것이 사람들을 침대에 누워 있게끔 결정한 처방이 옳지 못하다는 것에 대한 증명은 결코 아니다. 오랫동안 제정신이 아닌 채 살다가 마침내 철학적인 진정한 내면생활로 돌아온 사람들은 욕창으로 누워 있는 정서와 정신도 존재한다는 사실을 안다. 말하자면 이것은 결코 선택된 삶의 방식 전체에 반대하는 논거는 아니지만 몇 가지 작은 예외들과 겉으로 나타나는 병의 재발을 필요하게 만든다.

46

인간적인 '말 자체' — 가장 상처 받기 쉬운 것이지만 가장 극복하기 어려운 것이 인간의 허영심이다. 실로 허영심의 힘은 상처 받음으로써 자라고 결국 엄청나게 커질 수 있다.

47

많은 근면한 사람들의 어리석음 — 그들은 지나칠 정도로 애씀으로써 자유 시간을 얻으며 그 후에 시간이 다 흘러가 버릴 때까지 시간을 소비하는 것 외에는 아무것도 시작할 줄 모른다.

48

크게 기뻐하다 – 크게 기뻐하는 사람은 분명히 선한 사람일 것이다. 그러나 비록 가장 영리한 사람이 그의 모든 영리함을 가지고 쟁취하는 바로 그것을 그가 달성한다고 할지라도, 그는 아마도 가장 영리한 사람은 아닐 것이다.

135

시인과 현실 – 현실과 사랑에 빠지지 않은 시인의 뮤즈는[10] 바로 현실이 될 수 없고, 그 시인에게 눈이 쑥 들어가고 뼈가 아주 약한 아이들을 낳아줄 것이다.

136

수단과 목적 – 예술에서는 목적이 수단을 신성하게 하지 않는다. 그러나 여기에서 신성한 수단은 목적을 신성하게 할 수 있다.

137

가장 나쁜 독자들 – 가장 나쁜 독자들은 약탈하는 병사

---

10) 뮤즈는 고대 그리스에서 처음에는 노래, 음악, 춤, 시 등 예술의 수호여신들을 지칭했으나 나중에는 모든 종류의 정신적 활동에 대한 학문들의 수호신이기도 했다.

들처럼 행동하는 독자들이다. 그들은 자기들이 사용할 수 있는 몇 가지는 끌어내고 나머지는 더럽히고 헝클어버리며 전체를 비방한다.

138

훌륭한 저술가의 특징들－훌륭한 저술가들은 두 가지 공통점을 가지고 있다. 그들은 경탄받는 것보다는 이해되는 것을 더 좋아하며 예리하고 지나치게 날카로운 독자들을 위해서 글을 쓰지 않는다.

139

잡종들－예술에서의 잡종들은, 잡종들을 만든 사람들이 자기 자신의 힘에 대해서 느낀 불신에 관하여 증명한다. 이 잡종들은 지원군, 변호사, 은신처를 찾았다. 그래서 시인은 철학을, 음악가는 희곡을, 사상가는 수사학을 도움으로 청한다.

140

입을 다문다－작가는, 자신의 작품이 입을 열면 입을 다물어야 한다.

141

위계의 표시 – 최상급과 사랑에 빠진 모든 시인들과 작가들은 그들이 할 수 있는 것보다 더 많은 것을 원한다.

142

냉정한 책들 – 훌륭한 사상가는 훌륭한 사상에 담겨 있는 행복을 따라서 느끼는 독자를 기대한다. 그러므로 냉정하고 무미건조하게 보이는 책도 올바른 안목으로 볼 것 같으면 정신적 명랑함의 햇빛에 비추어 올바른 영혼의 위안으로 나타날 수 있다.

143

고지식한 사람들의 술책 – 보통 고지식한 사상가는 수다스러움이나 장중함을 동지로 선택한다. 전자를 통해서 그는 자기가 기민함과 유창함을 가지고 있다고 생각하며 후자를 통해서 그는 자신의 특징이 완만한 운동을 목적으로 삼는 자유의지와 예술적 의도의 결과인 것처럼 가상(Schein)을 불러일으킨다.

190

현존에 대한 차후의 정당화 – 많은 사상들은 오류와 환상으로서 세상에 나타났지만 진리가 되었다. 왜냐하면 사람들이 나중에 그 사상들에 현실적인 기초를 밀어 넣었기 때문이다.

191

찬성과 반대가 필요하다—모든 위대한 인간은 장려되어야 할 뿐만 아니라 보편적 복지를 위해서 싸우지 않으면 안 된다는 것을 파악하지 못한 사람은 확실히 여전히 위대한 어린아이거나 아니면 그 자신이 위대한 인간이다.

192

천재의 불공정성—천재들이 동시대인일 경우 천재는 천재들에 대해서 가장 불공정하다. 한편으로 천재는 천재들이 필요하다고 믿지 않으며 그렇기 때문에 도대체 그들은 쓸모없다고 여긴다. 왜냐하면 천재는 다른 천재들 없이도 천재이기 때문이다. 그리고 나서 다른 천재들의 영향은 그의 전류 작용을 가로막는다. 그렇기 때문에 천재는 다른 천재들을 해롭다고 말한다.

193

어떤 예언자의 가장 나쁜 운명—그는 20년간 자신의

동시대인들이 그들에 관하여 확신하도록 애써서 일했다. 그는 마침내 성공했다. 그러나 그러는 사이에 그의 경쟁자들 역시 성공했다. 그는 더 이상 자신에 관하여 확신하지 못했다.

194

거미와 같은 세 사상가—모든 철학적 파벌에는 다음과 같은 관계에서 세 사상가가 서로 나타난다. 첫 번째 사상가는 자신으로부터 체액과 씨를 산출하고, 두 번째 사상가는 그것을 실로 뽑아내어 정교한 그물을 짜고, 세 번째 사상가는 이 그물에 숨어서 여기에서 붙잡히는 희생물을 기다린다. 그리고 철학에 의해서 살아가기를 추구한다.

239

조심—개인적인 일에 주저하지 않는 사람들과 우리는 교제를 해서는 안 되거나 아니면 미리 그들에게 단호하게 관습의 수갑을 채워놓지 않으면 안 된다.

240

자만심이 강한 것처럼 보이려는 것—모르는 사람이나 좀 아는 사람과의 대화에서 오직 선별된 생각만 표현하는 것, 그리고 자신의 유명한 지인 관계, 중요한 체험과 여행에 관해서 말하는 것은 그가 긍지를 지닌 사람이 아니라는 것, 곧 적어도 그가 긍지를 가진 것으로 보이고 싶지 않다는 것에 대한 표시다. 자만심은 긍지를 가진 사람의 겸손의 가면이다.

241

좋은 우정—좋은 우정은 타인을 매우 존중할 때, 그리고 더욱이 자기 자신보다 더 존중할 때, 자신만큼은 아니라고 할지라도 마찬가지로 타인을 사랑할 때 성립한다. 그리고 마침내 우리들이 쉽게 교제하기 위하여 친밀성의 부드러운 외관과 솜털을 첨가하는 법을 이해하지만 동시에 현실적이며 고유한 친밀성과 나와 너의 혼동을 현명하게 구분할 때 좋은 우정이 성립한다.

242

유령으로서의 친구들—만일 우리들이 심하게 변한다면, 변하지 않았던 우리의 친구들은 우리 자신의 과거의 유령이 된다. 그들의 목소리는 그림자처럼 소름끼치게 우리들에게 들린다. 그러나 마치 우리들이 우리 자신의 목소리를 보다 더 젊게, 보다 더 가혹하게, 보다 더 미숙하게 듣는 것처럼.

243

하나의 눈과 두 개의 시선 ― 호의를 추구하며 후원자를 찾는 시선이라는 조화(造化)의 놀음을 소유한 그러한 사람들은 보통 그들의 잦은 굴욕과 복수심의 결과로 뻔뻔한 시선도 가진다.

244

파랗게 보이는 먼 곳 ― 평생 어린아이, 이 말은 매우 감동적으로 들리지만 오직 먼 곳으로부터 내리는 판단일 뿐이다. 가까이에서 보고 체험하면 이 말은 언제나 다음과 같다. 평생 어린아이 같다.

245

동일한 오해 안의 장점과 단점 ― 섬세한 두뇌를 소유한 사람의 말 없는 당혹스러움은, 보통 섬세하지 못한 사람들 편에서 보통 침묵하는 우월감으로 해석되고 매우 두려운 대상이 된다. 그런가 하면 당혹스러움에 관한 지각은 호의를 낳게 될 것이다.

246

바보인 척하는 현자 — 현자의 인간들에 대한 우정 어린 마음은 그의 참다운 본질의 냉정함과 사려 깊음에 의해 주위 사람들이 아픔을 받지 않도록 하기 위해서 때때로 흥분하고, 분노하며 기쁜 척한다.

247

억지로 주의를 끈다 — 누군가가 우리들과 교제하고 대화하면서 억지로 주의를 끌려고 하지 않으면 안 된다는 것을 우리들이 아는 순간, 우리들은 그가 우리들을 사랑하지 않거나 아니면 더 이상 우리들을 사랑하지 않는다는 증거를 가진다.

248

기독교적 덕에 이르는 길 — 적들을 사랑하기 위한 최선의 길은 자신의 적들로부터 배우는 것이다. 왜냐하면 그것은 우리들에게 적에게 감사하는 느낌을 주기 때문이다.

249

집요한 사람의 계략 — 집요한 사람은 우리의 통용화폐를 금화로 돌려주고 그렇게 함으로써 나중에 우리들의 관례를 잘못으로, 그리고 자신을 예외로 다루도록 우리를 강요할 것이다.

250

혐오의 근거—우리는 많은 예술가나 아니면 저술가에게 적대적으로 되는데 그것은 그가 우리들을 속였다는 것을 결국 우리가 알기 때문이 아니고, 우리들을 사로잡기 위해서 그가 보다 더 정교한 수단들을 필요로 하지 않았기 때문이다.

251

헤어짐에서—어떻게 한 영혼이 다른 영혼에 가까워지는가, 라는 사실에서가 아니라, 어떻게 한 영혼이 다른 영혼으로부터 멀어지는가, 라는 사실 안에서 나는 그 영혼과 다른 영혼의 유사성과 동질성을 인식한다.

252

침묵—사람들은 자신의 친구들에 관하여 말해서는 안 된다. 만일 말한다면 사람들은 우정의 감정을 잘못 말한다.

253

무례—무례란 흔히 뜻밖의 일에서 당황하고 이것을 거친 행동에 의해서 감추려고 하는 어설픈 겸손의 징표다.

254

정직에서의 오산—지금까지 우리가 침묵한 것은 때때로 바로 우리가 최근에 사귄 사람들이 제일 먼저 안다. 우리들은 이때 어리석게도 우리가 그들을 굳게 붙들 수 있는 것은 우리들의 신뢰를 증명하는 것이라고 생각한다. 그러나 그들은 우리들의 발언의 희생을 아주 강하게 느낄 만큼 우리들을 충분히 알지 못한다. 그리고 그들은 배반이라고 생각하지 않고 우리들의 비밀을 타인들에게 누설한다. 그러므로 우리들은 아마도 정직과 연관하여 우리들이 오래 사귄 사람들을 잃어버릴 것이다.

255

호의의 대기실에서—우리가 우리의 호의의 대기실에서 모든 사람들을 오래 서 있게 한다면, 그들은 동요하거나 아니면 기분이 나빠진다.

345

이상주의자와 거짓말쟁이 — 우리는 당연히 가장 아름다운 만족에 — 사물들을 이상으로까지 높이는 만족에 — 절대적으로 지배당하지 않도록 해야 한다. 그렇지 않으면 언젠가 진리는 과음처럼 욕하면서 우리들을 떠난다. "너 순전히 거짓말쟁이야, 내가 너와 함께 무엇을 할 수 있단 말인가!"

346

오해받게 되다 — 만일 우리들이 전적으로 오해받고 있다면, 하나하나의 오해를 근본적으로 제거하는 것은 불가능하다. 자신의 변명에 지나친 힘을 허비하지 않게끔 우리들은 이 사실을 통찰하지 않으면 안 된다.

347

물만 마시는 사람이 말한다 — 네 일생 동안 너를 즐겁게 해준 너의 포도주를 오로지 계속해서 마셔라. 내가 물만 마시는 사람이지 않으면 안 되는 사실이 너와 무슨 상관이 있단 말인가? 포도주와 물은 비난하지 않고 함께 사는, 평화를 사랑하는 형제 같은 요소들이 아닌가?

348

식인종의 나라로부터—고독한 자는 고독 속에서 자신을 다 먹어치우며, 많은 사람들 속에서는 많은 사람들이 그를 먹어치운다. 자, 선택하라.

349

의지의 빙점에서—"결국 한 번은 고통 없는 금빛 구름 속에 너를 감싸줄 시간이 다가올 것이다. 그때 영혼은 마치 자기 자신의 피로를 즐기고, 인내하고, 행복하고 끈기 있게 놀이를 하는 호수의 물결과도 같다. 그 물결은 어느 조용한 여름날 찬란한 색깔의 저녁 하늘이 반사할 경우 끝도 없이, 목적도 없이, 싫증도 없이, 욕망도 없이, 물가에서 찰랑거리고, 찰랑거리다가 다시 잠잠해지고 변화를 즐거워하는 완전한 휴식이며 쓸려가고 밀려오는 자연의 맥박이다." 이것은 모든 환자들의 느낌이며 말이다. 그러나 그들이 그 시간에 도달하면 짧은 향유가 지난 후 권태가 찾아온다. 그러나 이 권태는 얼어붙은 의지를 녹이는 봄바람이다. 의지는 깨어서 움직이고 소원에 또 소원을 다시금 산출한다. 소원하는 것은 쾌유나 개선의 징후다.

350

거부당한 이상—어떤 사람이 자신의 이상을 부정할 때 그는 비로소 최상의 것에 도달하는 예외적인 경우가 생긴다. 지금까지는 이 이상이 그를 너무 심하게 몰아댔기 때문에 그는 숨이 차서 매번 길 중간에 와서 멈추어 서지 않으면 안 되었다.

351

부지중에 나타나는 경향—우리는 질투심이 강하지만 보다 더 높이 올라가려고 노력하는 사람들의 특징은, 그가 다음과 같은 생각에 이끌리는 것을 느낄 경우의 것임에 유의해야 한다. 즉 탁월함에 맞서는 단 하나의 구원이 존재한다. 그것은 사랑이다.

352

계단의 행복—마치 많은 사람들의 위트가 그 기회와 보조를 맞추지 못해서, 위트는 아직 계단에 서 있는 동안 기회는 이미 문을 통해서 빠져나가는 것처럼, 또 다른 사람들에게 있어서는 일종의 계단의 행복이 존재한다. 이 계단의 행복은 빨리 흘러가는 시간과 언제나 옆에서 나란히 가기에는 너무 느리게 걸어간다. 그들이 체험으로부터, 그리고 전체적인 삶의 여정으로부터 향유하게 되는 최선의 것은 오랜 시간이 지난 뒤에야 비로소 그들에게 다가온다. 그것은 마치 언젠가 이 요소를 실컷 마실 수 있던 때가 있었던 것처럼 동경과 슬픔을 일깨우는 흔하지만 단지 희미한 향기일 뿐이다. 그러나 이제는 너무 늦었다.

353

망상-그가 몇 가지 망상을 가지고 있다는 것이 정신의 성숙을 부정하는 것은 아니다.

354

승리에 빛나는 자리-말을 타는 훌륭한 자세는 상대방에게서는 용기를, 관중에게서는 마음을 훔친다. 무엇 때문에 너는 이제야 공격하려고 하는가? 승리한 사람처럼 앉아 있기만 하여라.

355

경탄 속의 위험-우리들은 다른 사람의 덕을 지나치게 경탄함으로써 우리 자신의 덕의 의미를 잃을 수 있고, 훈련의 부족 때문에 우리 사진의 덕 대신 다른 사람의 덕을 보상으로 받지도 못하고 결국 우리 자신의 덕 자체도 상실할 수 있다.

356

허약함의 이득－자주 아픈 자는 그가 자주 건강해지기 때문에 건강함에 대한 기쁨을 한층 더 크게 느낄 뿐만 아니라 자신과 타인의 작업과 행동 속에 있는 건강한 것과 병든 것을 보는 가장 예리한 감각을 가지고 있다. 그래서 예컨대 병든 저술가들－그런데 유감스럽게도 거의 모든 위대한 저술가들은 여기에 속한다－은 보통 자기들의 책 안에 한층 더 안정되고 균형 잡힌 어조의 건강함을 가지고 있다. 왜냐하면 그들은 신체적으로 강건한 자들보다 정신적 건강과 회복의 철학, 그리고 철학의 교사들, 곧 오전, 햇빛, 숲과 샘을 더 잘 이해하기 때문이다.

제2장
방랑자와 그의 그림자

∵

그림자 : 나는 네가 이야기하는 것을 오랫동안 듣지 못했으니 너에게 한번 기회를 주고 싶다.

방랑자 : 그가 말하는데 어디일까? 그리고 누구일까? 거의 나 자신이 말하는 것을 내가 듣는 것 같은데, 단지 내 목소리보다는 더 약한 목소리야.

그림자 : (잠시 후에) 이야기할 기회를 가지게 된 것이 기쁘지 않은가?

방랑자 : 신과 내가 믿지 않는 모든 것에 맹세하건대 내 그림자가 이렇게 말하고 있어. 나는 그것을 듣지만, 믿지는 않는다.

그림자 : 그것을 받아들이고 더 이상 그것에 관해서 깊이 생각하지 말자. 한 시간만 지나면 모든 것이 지나쳐버린다.

방랑자 : 내가 피사(Pisa) 근처 숲에서 처음에 두 마리 그리고 다음에 다섯 마리의 낙타를 보았을 때 전적

으로 그렇게 생각했어.

그림자 : 언젠가 우리들의 이성이 정지하면 우리들 양자가 서로에게 똑같이 관대한 것은 좋은 일이야. 그러면 우리는 대화에서도 화내게 되지 않을 것이고, 일찍이 상대방의 말이 이해할 수 없게 들릴 경우 즉시 상대방을 질책하지도 않을 것이다. 바로 대답을 알 수 없다면, 이미 어떤 것을 말하는 것만으로 충분하다. 이것은 내가 어떤 사람과 대화할 때 가지는 공정한 조건이야. 보다 더 긴 대화에서는 가장 현명한 사람도 한 번은 바보가 되고 세 번은 멍청이가 된다.

방랑자 : 네 절도 있는 태도가, 네가 그 태도를 고백하는 사람을 기분 좋게 하지는 않는다.

그림자 : 도대체 나는 아첨해야만 하는가?

방랑자 : 생각건대, 인간의 그림자는 그의 허영심일 거야. 그러나 이 허영심은 다음처럼 묻지 않을 거야. "도대체 나는 아첨해야만 하는가?"

그림자 : 내가 인간의 허영심을 알고 있는 한, 내가 이미 두 번이나 말한 것처럼 인간의 허영심은 자신이 이야기해도 되는지를 묻지 않아. 그것은 언제나 이야기하고 있어.

방랑자 : 내 사랑하는 그림자여, 내가 너에 대해서 얼마나 무례한지 비로소 알겠다. 너를 단지 보기만 하지 않고 네 목소리를 듣는 것을 내가 얼마나 기뻐하는지 나는 아직 한마디도 말하지 않았어. 내가 빛을 사랑하는 것처럼 그림자를 사랑한다는 것을 너는 알게 될 거다. 얼굴의 아름다움, 이야기의 명료함, 성격의 선함과 건실함이 존재하기 위해서 그림자는 빛만큼 필요하다. 그것들은 적이 아니다. 그것들은 가득 찬 사랑으로 손잡고 있으며 빛이 사라지면 그림자도 따라서 사라진다.

그림자 : 그리고 나는 네가 싫어하는 것과 똑같은 것, 곧 밤을 싫어해. 나는 인간들이 빛의 제자들이기 때문에 그들을 사랑하며, 지칠 줄 모르는 인식자이자 발견자인 그들이 인식하고 발견할 때 그들의 눈 속에 빛나는 빛을 보고 기뻐한다. 인식의 햇빛이 만물을 비추면, 만물이 보여주는 저 그림자, 나는 저 그림자이기도 하다.

방랑자 : 너는 너 자신을 그림자 같은 어떤 것으로 표현했다고 할지라도 나는 너를 이해할 수 있을 것 같다. 그러나 네가 옳았어. 좋은 친구들은 때때로 모든 제3자에게는 당연히 수수께끼일 것 같은

어렴풋한 말을 이해의 표시로 서로 주고받아. 그리고 우리들은 좋은 친구들이야. 그러니까 서론은 충분해! 몇 백 개의 물음들이 내 영혼을 억압하고, 아마도 네가 이 물음들에 답할 수 있는 시간은 너무 짧은 것 같다. 우리들은 짧은 시간에, 그리고 평화롭게 무엇에 관해서 서로 견해를 같이할 수 있는지 알아보기로 하자.

그림자 : 그러나 그림자들은 인간들보다 더 소심해. 너는 어떻게 우리들이 함께 말했는지 아무에게도 전해서는 안 돼!

방랑자 : 우리들이 어떻게 함께 이야기했는지를? 길게 늘여서 쓴 편지식의 대화에서 제발 하늘이 나를 지켜주길! 만일 플라톤이 길게 늘여서 쓰는 일에 재미를 덜 느꼈더라면, 그의 독자들은 플라톤을 훨씬 더 재미있게 읽었을 것이다. 실제로 마음을 기쁘게 하는 대화도 저서로 변해서 읽히면, 완전히 잘못된 전망을 가진 그림이야. 모든 것은 너무 길거나 아니면 너무 짧아. 그래도 무엇에 관해서 우리가 의견의 합치를 보았는지는 아마 말해도 되겠지?

그림자 : 그것으로써 나는 아주 만족해. 왜냐하면 모든 사

람들은 거기에서 오직 너의 견해만을 다시 인식할 것이기 때문이야. 그림자는 아무도 생각하지 않을 거야.

방랑자 : 친구여, 아마도 네가 착각하고 있는 걸 거야! 지금까지 사람들은 내 견해 안에서 나 자신보다도 그림자를 더 많이 알아보았어.

그림자 : 빛보다도 그림자를 더 많이? 그것이 가능한가?

방랑자 : 사랑하는 익살꾼이여, 진지하렴! 바로 나의 첫 번째 물음은 진지함을 요구한다.

1

인식의 나무에 관하여 — 개연성, 그러나 이것은 아무런 진리도 아니다. 자유처럼 보이는 것, 그러나 이것은 아무런 자유도 아니다. 이들 두 가지 과일들 때문에 인식의 나무가 생명의 나무와 혼동될 수는 없다.

2

세계의 이성 — 세계가 어떤 영원한 합리성의 총괄 개념이 아니라는 것은 결국 다음의 사실을 통해서 증명된다. 즉 우리들이 알고 있는 저 부분으로서의 세계는 — 나는 우리 인간의 이성을 뜻한다 — 전적으로 이성적이지는 않다.

그리고 만일 그 세계가 언제나 완전하게 현명하고 합리적이지 않다면 나머지 세계도 역시 그렇지 않을 것이다. 여기에서는 보다 작은 것으로부터 보다 큰 것으로, 그리고 부분으로부터 전체로의 추론이, 결정적 힘을 가질 만큼 타당하다.

3

"태초에 있었다"—기원을 찬양하는 것. 이것은 역사 관찰에 있어서 다시 싹트며 전적으로 만물의 시초에는 가장 가치 있는 것과 가장 본질적인 것이 있다고 생각하게끔 하는 형이상학적 새싹이다.

4

진리의 가치에 대한 척도—등산의 어려움은 전적으로 산의 높이를 잴 수 있는 척도가 전혀 아니다. 그런데 학문의 경우는 당연히 달라야만 한다! 전문가로 인정받고 싶어 하는 몇몇 사람들은 다음처럼 우리에게 말한다. 진리를 찾으려는 어려움이 바로 그 진리의 가치를 결정해야만 할 것이다! 이 어리석은 도덕은, '진리'는 원래 그것을 위해서 우리들이 더할 나위 없이 지칠 때까지 일해야 할 체조기구 외의 아무것도 아니라는 생각으로부터 나온다. 이

도덕은 정신의 경기자와 체조 훈련자를 위한 도덕이다.

55

정신적 자유를 위한 언어의 위험—모든 단어는 하나의 편견이다.

56

정신과 권태—다음의 속담. "마자르인은 권태로운 태도를 가지기에는 너무 게으르다"는 잠언은 생각할 거리를 제공한다. 가장 섬세하고 가장 활동적인 동물들만 비로소 권태를 느낄 수 있다. 창조의 일곱 번째 날, 어떤 위대한 시인에 대한 비난은 신의 권태 때문일 것이다.

104

바람직하지 않은 독자—무엇인가에 부딪치기만 하면 또한 넘어지고 그럴 때마다 고통을 당하는, 살찌고 어설픈 영혼의 소유자인 저 갸륵한 독자들은 얼마나 작가들을 괴롭히는가.

105

시인의 사상—현실적인 시인들에게 있어서 현실적인

사상은 모두 마치 이집트 여인들처럼 베일을 쓰고 돌아다닌다. 단지 사상의 심오한 눈만이 자유롭게 베일을 넘어서 바라본다. 평균적으로 시인의 사상은 보통 여겨지는 것만큼 그렇게 많은 가치가 있지는 않다. 사람들은 바로 베일과 자기 자신의 호기심에 대해서 함께 지불한다.

106

단순하게, 그리고 유익하게 글을 쓰라—정서의 추이, 수행, 색깔 변화, 이 모든 것을 우리들은 저자에게 선물한다. 왜냐하면 저자 자신이 우리들에게 어떤 좋은 것을 행하면 우리는 이 모든 것을 함께 가지고 와서 저자의 책에 도움을 주도록 하기 때문이다.

108

드문 축제—견고한 간결함, 안식, 그리고 성숙, 네가 어떤 저자에게서 이러한 특징들을 발견하는 그곳에 멈추어서서 사막 한가운데서 긴 축제를 즐겨라. 네가 그렇게 편안하게 느끼는 것은 오랫동안 다시 오지 않을 것이다.

312

환상들의 파괴—환상들은 확실히 값비싼 오락이다. 환

상의 파괴는 한층 더 비싸다. 이러한 파괴를 오락으로 보는 것은 많은 사람들에게 부정할 수 없다.

313

현자의 단조로움—암소들은 때때로 물음을 던지는 과정 중에 멈추어 선 듯한 놀라움을 표현한다. 여기에 반해서 보다 더 높은 지성을 가진 사람의 눈에는 구름 한 점 없는 하늘의 단조로움과 같은 아무런 놀라움도 없는 상태가 펼쳐져 있다.

339

현자의 상냥함—지도자와 마찬가지로 현자도 무의식적으로 다른 사람들과 상냥하게 관계할 것이다. 현자는 재능, 신분, 교양 등 모든 차이에도 불구하고 다른 사람들을 쉽사리 똑같은 종류의 사람들로 대할 것이다. 사람들이 이 사실을 눈치 채는 순간, 사람들은 이 이유 때문에 그를 매우 불쾌하게 여긴다.

340

황금—금이라고 해서 모두 반짝이지는 않는다. 가장 고귀한 금속에 고유한 것은 부드러운 광택이다.

341

바퀴와 제동기－바퀴와 제동기는 서로 다른 의무를 가지고 있지만, 다 같은 의무도 가지고 있으니 그것은 서로 고통을 주어야 하는 의무다.

342

사상가의 장애－사상가로 하여금 그의 생각을 중단하게끔 하는 (사람들이 말하는 것처럼 방해하는) 모든 것을 사상가는, 예술가를 돕기 위해서 문을 들어서는 새로운 모델을 보는 것처럼 평화롭게 바라보지 않으면 안 된다. 중단은 고독한 자에게 음식을 가져다주는 까마귀들이다.

343

많은 정신을 가지는 것－많은 정신을 가지는 것은 젊음을 유지시킨다. 그러나 우리들은 이 때문에 바로 실제보다 더 늙게 보이는 것을 참지 않으면 안 된다. 왜냐하면 사람들은 정신의 필적들을 삶의 경험의 흔적들처럼, 말하자면 많이, 그리고 나쁘게 살아온 것, 고통, 과오, 후회 등의 흔적들처럼 읽기 때문이다. 그러므로 만약 우리들이 많은 정신을 소유하고 그것을 제시하면, 우리들은 인간들에게 실제보다 더 늙게 여겨질 뿐만 아니라 더 나쁘게 여겨진다.

344

어떻게 이기지 않으면 안 되는가—머리카락 한 올의 두께만큼만 적을 능가할 전망밖에 없다면, 당연히 우리는 이기려고 하지 말아야 한다. 훌륭한 승리는 패한 자를 기쁘게 만들지 않으면 안 된다. 훌륭한 승리는 수치심을 덜어주는 어떤 신적인 것을 가지고 있지 않으면 안 된다.

345

탁월한 정신을 가진 자들의 광기—탁월한 정신을 가진 자들은 어떤 광기로부터 해방되기 위해서 애쓴다. 말하자면 그들은, 자신들이 평범한 사람들에게 질투심을 자극하며 예외자로 느껴진다고 상상한다. 그러나 사실 그들은 쓸모없는 것, 그리고 없으면 없는 대로 우리들이 살아갈 수 있는 것으로 느껴진다.

346

청결의 요구—사람들이 자신의 의견을 바꾸는 것은 어떤 본성을 가진 사람들에게는 마치 우리들이 옷을 바꾸어

입는 것처럼 청결의 요구다. 그러나 다른 본성을 가진 사람에게는 오직 그들의 허영심의 요구일 뿐이다.

347

역시 영웅의 가치가 있다 — 여기에 한 영웅이 있는데, 그는 과일들이 익는 순간 나무를 흔드는 일 외에는 아무것도 하지 않았다. 너희들은 이것을 거의 아무것도 아니라고 생각하는가? 그렇다면 우선 그가 흔들었던 나무를 바라보라.

348

무엇으로 지혜를 측정하는가 — 지혜의 증가는 쓴 분노의 감소에 따라서 정확히 측정된다.

349

오류를 불쾌하게 말하다 — 진리를 유쾌하게 말하는 것은 어느 누구의 기호(Geschmack)에도 맞지 않는다. 그러나 우리들이 오류를 불쾌하게 말한다면, 적어도 그 오류가 진리가 되리라고 믿는 사람은 아무도 없을 것이다.

∵

그림자 : 네가 말했던 모든 것들 중에서 하나의 약속보다 더 내 마음에 들었던 것은 아무것도 없다. 너희들은 다시금 가장 가까운 것들의 좋은 이웃이 되려고 한다. 이것은 우리들 가련한 그림자들에게도 도움이 될 것이다. 왜냐하면 단지 고백하건대, 너희들은 지금까지 너무 지나치게 즐겨 우리들을 비방했기 때문이다.

방랑자 : 비방했어? 그러나 왜 너희들은 전혀 변명하지 않았지? 너희들은 실로 가까이에 우리의 귀를 두고 있었어.

그림자 : 우리는 자신에 관해서 이야기할 수 있기에 우리들은 너희들과 너무 가깝게 있는 것처럼 여겨졌어.

방랑자 : 섬세해! 매우 섬세해! 아하, 너희들 그림자들은 우리보다 '더 훌륭한 인간들'이고 나는 그것을 알고 있어.

그림자 : 그리고 너희들은 우리를 '주제넘다'고 말하지 않았는가, 적어도 한 가지, 곧 침묵하고 기다리기를 잘 이해하는 우리를. 어떤 영국인도 그것을 더 잘 이해하지 못한다. 사람들이, 매우, 매우 자주 사람을 따라다니는 우리들을 발견하는 것은

사실이지만, 우리는 그의 노예로서 따라다니지는 않는다. 만일 인간이 빛을 싫어한다면, 우리들은 인간을 싫어한다. 우리들의 자유도 그 정도다.

방랑자 : 아하, 빛은 훨씬 더 자주 인간을 싫어하고 그러면 너희들도 인간을 떠난다.

그림자 : 나는 자주 고통을 느끼며 너를 떠났다. 내가 상항 인간 주변에 있을 수 없기 때문에 지식욕이 많은 나에게는 인간에게 있는 많은 것들이 희미하게 남아 있다. 완전한 인간, 인식을 얻기 위해서 나는 기꺼이 너의 노예라도 되고 싶다.

방랑자 : 그렇게 해서 네가 뜻밖에 노예로부터 주인으로 될지 어떨지를 도대체 네가 아는가, 내가 아는가? 아니면 실은 노예로 남아 있으면서 네 주인의 모욕자로서 굴욕과 구토의 삶을 영위해야 하는 것이 아닌가? 우리들 양자는 너에게 남겨진 것과 같은 자유로 만족하기로 하자. 너에게, 그리고 나에게! 왜냐하면 자유롭지 못한 모습은 나의 가장 커다란 기쁨을 허락하게 만들 것이기 때문이다. 최선의 것을 내가 어떤 사람과 나누어 가지지 않으면 안 된다면, 그 최선의 것은 내게

불쾌할 것이다. 나는 내 주변에 있는 어떤 노예도 알기를 원치 않는다. 그렇기 때문에 나는, 인간의 노예로서 처음으로 '비굴하게' 된, 게으른, 꼬리 흔들면서 아첨하는 개도 싫어한다. 그리고 인간들은 여전히 다음처럼 말하면서 개를 칭찬하는 습관이 있다. 즉 개는 주인에게 충실하며 주인을 따르는 것은 마치 그의….

그림자 : "개의 그림자처럼"이라고 인간들은 말한다. 아마 내가 오늘도 너무 오랫동안 너를 따라다니지 않았는가? 오늘은 가장 긴 하루였지만 우리들은 하루의 종말에 와 있다. 조금만 더 참자. 잔디는 축축하며 나를 춥게 만든다.

방랑자 : 오, 벌써 헤어질 시간인가. 그런데 나는 결국 너를 또 괴롭히지 않으면 안 되는구나. 나는 네 얼굴이 어두워지는 것을 보았어.

그림자 : 나는 붉어졌는데, 그것은 내가 낼 수 있는 색깔이다. 나는, 내가 마치 개처럼 자주 네 발밑에 엎드려 있었다는 생각이 들고, 그리고 너는.

방랑자 : 그런데 급히 내가 너에게 마음에 드는 어떤 것을 할 수 없을까? 아무것도 원하는 것이 없어?

그림자 : 아무것도 없어. 철학적인 '개'가 알렉산더 대왕

앞에서 가졌던 소원 외에는, 햇빛에서 조금만 비켜주시오. 그렇지 않으면 내가 너무 추우니까요.

방랑자 : 내가 어떻게 해야만 할까?

그림자 : 이 가문비나무들 아래로 들어와서 산들을 둘러보게, 해가 지고 있다.

방랑자 : 너는 어디에 있는가? 너는 어디에 있는가?

해설

일반적으로 우리는 니체의 저술들을 그의 사상의 성숙도에 따라서 초기의 저술들, 중기의 저술들, 말기의 저술들로 나눌 수 있다. 《비극의 탄생》, 《비시대적 고찰》 등은 초기의 저술들이고, 《인간적인 것, 너무나 인간적인 것》, 《여명》 등은 중기의 저술들이며, 《즐거운 학문》, 《차라투스트라는 이렇게 말했다》, 《선과 악의 피안》, 《도덕의 계보학》, 《반기독교도》, 《바그너의 경우》, 《이 사람을 보라》 등은 말기의 저술들이다. 초기의 저술들은 고대로부터 현대에 이르기까지 형식주의적, 합리주의적 철학을 비판적 관점에서 고찰한다. 중기의 저술들은 과거와 현재의 문화 내지 문명의 현상을 본격적으로 비판하는데, 이 시기의 가장 대표적인 저술이 바로 《인간적인 것, 너무나 인간적인 것》이다. 후기 저술들에서 니체는 허무주의, 모든 가치들의 전도, 동일한 것의 영겁회귀, 초인, 힘에의 의지 등의 주제들을 가지고 자신의 창조적이며 종합적인 철학을 전개한다.

《인간적인 것, 너무나 인간적인 것》은 1886년 한 권으로 묶여 출판되었는데 원래는 1878년에《인간적인 것, 너무나 인간적인 것》이 출판되었고, 1879년에《혼합된 의견들과 잠언들》이, 그리고 1880년에《방랑자와 그의 그림자》가 출판되었다. 나중에 이 세 권의 책들을 묶어《인간적인 것, 너무나 인간적인 것 I · II》로 출판했다. 우리말 번역본이 이미 몇 가지 나와 있는데 번역본의 제목은 한결같이《인간적인 너무나 인간적인》으로 되어 있다. 옮긴이가 보기에《Menschliches, Allzumenschliches》는 분명히《인간적인 것, 너무나 인간적인 것》으로 옮기는 것이 옳다.《인간적인 것, 너무나 인간적인 것 I》은 646개의 단편적 글들로 이루어져 있으며,《인간적인 것, 너무나 인간적인 것 II》는 765개의 단편들로 이루어져 있다.

니체는 1876년 바이로이트의 바그너를 방문했으나 그곳에서 바이로이트의 음악 축제와 아울러 바그너의 낭만주의 음악에 대한 환멸을 느낀 후 자유정신을 추구하고 찬양하려는 강한 열정으로 이 책을 집필하기 시작했다. 니체가 쇼펜하우어의 염세주의적 허무주의와 바그너의 낭만주의적 허무주의를 극복할 수 있었던 것은 프랑스 계몽철학자 볼테르의 자유정신의 영향이 지대했다.

이 책에서 니체는 지금까지의 전통적이며 합리적인 형이상학과 종교 및 도덕에 관해서 비판철학의 입장에서 논

의하고 있다. 다음으로 니체는 친구, 남성, 여성, 가족, 국가 등에 관해서 함축적으로 자신의 논점을 제시하고 있으며 특히 실존적 의미의 개인에 관해서 많은 지면을 할애한다. 니체가 이 책의 후반부에서 취급하고 있는 실천적, 창조적 개인은 자신의 삶을 결단하는 자유정신으로서의 개인이 아닐 수 없다. 이와 같은 자유정신은 후기의 저술 《차라투스트라는 이렇게 말했다》와 유고 작품 《힘에의 의지》에 등장하는 초인(위버멘슈)의 바탕이다. 니체는 《인간적인 것, 너무나 인간적인 것 II》에서는 과학과 학문을 강조하면서 과학과 학문이 개인의 자유정신과 창조 정신을 가능하게 하는 우월한 것임을 강조한다. 야스퍼스와 같은 철학자는 니체의 중기 사상을 실증과학을 중시하는 입장이라고 말했다. 그러나 우리는 니체가 과학과 학문을, 말기의 창조적 예술 활동으로 넘어가기 위한 계기로 여겼다는 것에 주의를 기울여야 한다. 왜냐하면 니체에게 중요한 것은 합리적이고 형식적인 실증과학이 아니고 어디까지나 꿈틀대는 내면의 힘에의 의지이기 때문이다.

《인간적인 것, 너무나 인간적인 것 II》에서 우리는 니체가 전통 형이상학과 결별하고 나아가서 바그너의 낭만주의 사상과 음악과도 단절하며 창조적인 자유정신을 절실히 추구하고 있음을 알 수 있다. 우리는 니체의 중기 사상의 대표적인 저술인《인간적인 것, 너무나 인간적인 것》이 바로 말기의 여러 저술들을 성립시킬 수 있었던 필수 불가결한 징검다리임을 다시 한 번 지적하지 않을 수 없다.

지은이에 대해

프리드리히 니체는 1844년 10월 15일 작센 주의 뤼첸 근처에 있는 뢰켄 마을에서 목사인 카를 루드비히 니체의 아들로 태어났다. 1846년 누이동생 엘리자베트가 태어났고, 1848년 남동생 요제프가 태어났지만 요제프는 출생 후 몇 달이 지나지 않아 죽고 말았다. 1849년 니체의 아버지가 죽자 니체의 할머니는 니체 가족을 이끌고 나움부르크로 이사를 했다. 나움부르크에서 니체는 할머니, 어머니, 그리고 두 고모 등 네 명의 여자들 틈에서 성장하면서 내성적이고 소심한 성격의 소유자가 되었다.

누이동생 엘리자베트는 니체가 바젤 대학교 교수가 되기 전부터, 정신병이 발병하여 죽을 때까지 어머니와 함께 니체를 돌보았을 뿐만 아니라, 니체가 사망한 후 생전에 출판하지 않고 남겼던 원고들을 정리하여 니체의 유고집 《힘에의 의지》를 편집, 출판하기도 했다.

니체는 어려서 예술, 특히 음악에 재능을 보였는데 열 살 때 다성(多聲)의 무반주 악곡인 모테토를 작곡했을 뿐만 아니라, 이미 열다섯 편의 시를 쓰기도 했다. 니체는 자신이 열두 살 때 영광으로 가득한 신을 보았다고 적기도 했다. 니체는 열네 살 되던 해인 1858년 나움부르크를 떠나서 포르타의 김나지움으로 학교를 옮겼다. 여기에서 니체는 구스타프 크루크, 빌헬름 핀더 등의 친구와 함께 예술 · 문학 동아리 '게르마니아'를 만들어 매월 한 번씩 모여 각자가 소논문을 발표하고, 낭만주의 작곡가들의 악보도 논했다. 니체는 횔덜린, 장 파울, 쇼펜하우어, 바그너 등 낭만주의 문학가, 철학가 및 음악가의 영향을 크게 받았다.

1864년 10월 니체는 파울 도이센과 함께 본 대학교에 입학했다. 니체는 본 대학교에서 예술사, 교회사, 신학, 정치학 등에 관한 강의를 들었다. 포르타의 김나지움에서 니체는 무엇보다도 고대 그리스어에서 탁월한 재능을 보였고, 본 대학교에서는 고전언어학 강의를 들으며 두각을 나타냈다. 당시 본 대학교에는 고전언어학 세미나를 담당하는 두 교수가 있었는데, 그들은 프리드리히 리츨과 오토 얀이었다.

프리드리히 리츨과 오토 얀은 경쟁 관계에 있었기 때문에 리츨은 결국 라이프치히 대학교로 옮겼는데, 니체는 리츨을 지도 교수로 삼고 그 역시 라이프치히 대학교로 옮겼다. 리츨의 권고에 따라서 니체는 라이프치히 대학교에서 소논문 두 편을 썼다. 1869년 스위스 바젤 대학교에서 고전언어학 교수를 추천해 달라는 부탁을 받은 리츨 교수는 니체에게 임시 박사학위를 주선해 주고 니체를 추천했다. 니체는 25세에 바젤 대학교의 고전언어학 임시 교수로 채용되었고, 그다음 해인 1870년 정식 교수가 되었다. 1872년 니체는 첫 작품 《비극의 탄생》을 출판했다. 1873년에는 《반시대적 고찰 I》을 출판했다. 1878년에는 《인간적인 것, 너무나 인간적인 것 I》을 출판했다. 니체는 자주 병치레를 했고, 1879년 극도로 몸이 쇠약해지자 바젤 대학교 교수직을 사임했다. 그사이 니체는 바그너와 다년간 교제하다가 사이가 나빠져 결별했고, 말년에 《니체 대 바그너》 등의 작품에서 바그너의 음악을 혹평했다. 니체는 병약한 몸에도 불구하고 말년에 접어들어 《차라투스트라는 이렇게 말했다》, 《도덕의 계보학》, 《바그너의 경우》, 《이 사람을 보라》 등 많은 작품을 집필했다.

니체는 1889년 1월 3일 이탈리아의 토리노에서 정신병 발작을 일으켜 완전히 미친 사람이 되었고, 이때부터 어머니와 함께 예나에서 거주했다. 어머니가 죽자 누이동생 엘리자베트가 니체를 바이마르로 옮겼고, 니체는 1900년 8월 25일 바이마르에서 죽었다. 니체가 죽자 엘리자베트는 고향 뢰켄의 아버지 묘 옆에 니체를 안장했다.

옮긴이에 대해

강영계는 서울대학교 철학과를 졸업하고 독일 뷔르츠부르크 대학교에서 박사학위를 취득했다. 현재 건국대학교 철학과 명예교수이며 중국 서북대학교 객좌교수이고 한국니체학회 고문이다. 독일 프라이부르크 대학교와 프랑스 스트라스부르 대학교에서 교환교수로 연구했고, 건국대학교 문과대학장과 부총장, 한국니체학회 회장을 역임했다.

저서로는 《기독교 신비주의 철학》(철학과현실사), 《사회철학의 문제들》(철학과현실사), 《니체와 예술》(한길사), 《정신분석 이야기》(건국대 출판부), 《헤겔, 절대정신과 변증법 비판》(철학과현실사), 《청소년을 위한 철학 에세이》(해냄), 《사랑학 강의》(새문사), 《마르크스, 니체, 프로이트 철학의 끌림》(멘토프레스) 등이 있다. 역서로는 스피노자의 《에티카》(서광사), 브루노의 《무한자와 우주와 세계》(한길사), 니체의 《차라투스트라는 이렇게 말했다》(지식을만드는지식), 《인간적인 것, 너무나 인간적인 것》(지식을만드는지식), 《도덕의 계보학》(지식을만드는

지식), 《선과 악의 저편》(지식을만드는지식), 쾨르너의 《칸트의 비판철학》(서광사), 하버마스의 《인식과 관심》(고려원), 프로이트의 《문화에서의 불안》(지식을만드는지식), 《꿈의 해석》(지식을만드는지식) 등이 있다.

원서발췌 인간적인 것, 너무나 인간적인 것

지은이 프리드리히 니체
옮긴이 강영계
펴낸이 박영률

초판 1쇄 펴낸날 2012년 1월 10일
개정1판 1쇄 펴낸날 2026년 1월 20일

커뮤니케이션북스(주)
출판등록 제313-2007-000166호(2007년 8월 17일)
02880 서울시 성북구 성북로 5-11
전화 (02) 7474 001, 팩스 (02) 736 5047
commbooks@commbooks.com
www.commbooks.com

ISBN 979-11-430-1711-6 03160

책값은 뒤표지에 있습니다.